오늘의 당신, 어떤 **가요**

오늘의 당신, 어떤 **가요**

오늘의 당신, 어떤 **가요**

목차

6 ······ 여는 글

10 ······ 히트곡이 없어도 뮤지션입니다
18 ······ 길 위에서 여행을 노래해 〈나와 함께 걸을래〉
29 ······ 어느 소녀의 낮과 밤
39 ······ 고등학교 3년, 인생이라는 영화 속 OST
47 ······ 공연 덕후입니다
53 ······ 김동률을 좋아하세요?
61 ······ 내 플레이리스트 비긴즈
69 ······ 겉도는 삶
76 ······ 기숙사 창가에서 들은 노래
82 ······ 내 흐린 날의 기억
91 ······ 에어팟을 껴야 능률이 올라갑니다
97 ······ 합주, 그리고 공연
107 ······ 드라마 OST 속에서 사랑과 행복을 찾는 나
117 ······ 내가 가장 열정적이었던 순간

126 ······ 소심했던 소년이 대범했던 소녀를 만나다
134 ······ 내가 사는 이곳, 서울
143 ······ 호주 퀸즐랜드 그리고 꿈
153 ······ She is (그녀는 내게)
159 ······ 우리의 이야기는 결혼식 축가가 되었지
170 ······ 봄으로 데려다 준 노래
180 ······ 비와 책방과 커피와 자동차, 그리고 음악
187 ······ 2018년 6월 4일
195 ······ 술과 나의 이야기
206 ······ 음악은 삶과 죽음을 잇는 다리
212 ······ 집 그리고 공간
219 ······ 함께 있는 우리를 보고 싶다
228 ······ 공항 가는 길, 도착하는 길

236 ······ 작가의 말
246 ······ 닫는 글

오늘의 당신, 어떤 **가요**
여는 글

오늘 하루 어땠을지 궁금한 밤
내일이 조금 더 낫기를 바라며
조용한 새벽에 안녕이 필요한 순간

　당신이 이 노래를 들었으면 해서 당신에게 선물하고 싶은 노래와 이야기를 떠올린다. 서툰 말보다 한 곡의 노래가 마음을 대변할 것 같아서, 그저 마음에 가장 어울리는 노래를 고르고 고른다.

　그리고 들려주고 싶은 이야기를 글로 적었다.

　누군가를 위로할 때 들려주고 싶은, 사랑하는 사람과 함께 듣고 싶은, 어릴 적 학창 시절의 이야기, 히트곡 없는 뮤지션의 삶, 일반인이 음원을 발매할 때까지의 이야기, 직접 공연을 했던 날의 추억, 술 마시고 싶은 날과 비 오는 날의 이야기까지… 아홉 명의 이야기를 한 권에 담았다.

당신은 어떤 마음으로 책을 펼쳤을까. 어떤 위로를 찾아 여기까지 왔을까. 무엇을 해도 나아지지 않거나 행복한 감정을 많이 느끼고 싶어서, 더 나은 내일을 맞이하기 위해 첫 장을 넘겼을 당신에게.

모이고 모여야 비로소 제 모습을 찾아가는 모자이크처럼, 우리가 지나온 무해한 날의 이야기와 음악이 닿기를, 내가 좋아하는 노래를 함께 들어주길 바라며. 마음을 담아 당신에게 오늘을 보낸다.

어떤 '가요'를.

'당신은 언제 노래가 필요한가요?'

2023년 가을날.
강상준, 김지선, 양보은, 진선이, 진수빈, 표병수, 허준희, 혜주, Jacques

때론, 서툰 말보다 진하게 남는 음악이 있습니다.
때론, 어떤 노래를 들을 때마다 이야기가 떠오릅니다.
무해한 시간, 이야기가 필요한 당신에게 전합니다.

오늘의 당신, 어떤 **가요**

히트곡이 없어도 뮤지션입니다

"본인 노래 뭐 있어요?"

음악한다 말하면 거의 매번 받는 질문. 당연히 궁금할 수 있다. 결코 무례하게 생각하지 않는다. 여기서 '본인 노래'는 유행가나 어디서 한 번쯤은 들어 봤던 노래 말고도 뮤지션으로서 '명함' 같은 노래도 포함한다는 걸 잘 안다. '이런 뮤지션입니다.'라고 소개할 수 있는 대표곡 말이다.

처음 음악을 시작할 땐 실용 음악학원에서 음악을 배워 무대에 서고, 음악 앨범을 발매하거나 학교에서 음악을 전공하면 뮤지션이 되는 줄 알았다. 하지만 그걸 다 이뤄도 여전히 확답하기 어려웠다. 연차가 쌓일수록 '노래 뭐 있어요?'란 질문에 속 시원한 답변대신 미적지근한 말로 상황을 피하는 데에 바빴다. 이유는 명확했다. 대표곡이 없으니까.

그건 마치 이력서에 고학력과 주요 경력을 상위에 올려 그럴싸한 약력을 만들고선 자기소개서를 하나도 쓰지 못하는 기분이다. 역시 뮤지션이라면 김동률의 〈기억의 습작〉처럼 떠올릴 만한 히트곡 하나쯤은 있어야 하는 걸까. 히트곡이 없으면 뮤지션이 아닌 걸까. 나는 이 확답하기 어려운 질문에 대답 대신 어느 특별한 날을 떠올렸다.

그날은 이른 오전부터 차를 몰았다. 연푸른 화지에 얹은 뽀송한 구름을 따라 서해안 고속도로를 타고 남쪽으로 달렸다. 도로 위에 뿌려진 햇빛을 잘게 부숴가며 부지런히 향한 곳은 군산의 독립서점이었다.

문학 밴드 '밤의소요' 공연 in 군산 독립서점 '조용한 홍분색'

문학을 사랑한다는 공통점으로 만난 민수님(밴드의 작곡가이자 기타리스트)과 함께 문학밴드 '밤의소요'를 결성한지 2년 차가 되던 때. 그러니까 지금으로부터 5개월 전쯤에 군산의 독립서점으로부터 공연 제의를 받았다. 지금까지 오픈마이크('마이크 개방 시간'이란 의미로 누구나 신청 가능한 클럽 공연)나 어쿠스틱 클럽공연은 몇 번 해봤지만, 독립서점에서 공연 제의가 들어온 건 처음이었다. 더군다나 독립서점은 힘든 시절의 나를 다시 일으켜 준 각별한 장소였다. 독립서점을 처음 알게 된 건 서른한 살에 돌연 음악 대학원에 입학했을 때였다. 잘 다니던 직장까지 그만두고 SNS에 '대학원에 합격했다.'라는 피드가 올라오니 대학교 선배까지 전화 와서 무슨 일하냐고 물어볼 정도로 주변 사람이 더 당황해했는데, 왜 그랬는지 물어볼 생각이라면 클래식한 대답밖에 할 수 없었다.

음악 하며 사는 건 오랜 꿈이었다. 취미로 연명하던 음악에 더 이상 만족을 느끼지 못해서 어린 시절부터 내게 영향을 준 김동률, 이문세, 정준일, 이적 같은 뮤지션이 되고 싶었다. 관운이 따랐는지 보컬 입시학원에 등록하자마자 3개월 만에 음악 대학원에 합격했다. 이른 합격 소식에 얼떨떨했지만 직업적으로 '뮤지션'이 될 만한 사람이라고 증명받은 듯했고, 무엇보다 음악을 전문적으로 배운다는 사실에 기쁘고 설레었다. 무려 대학원에서 가르치는 음악이론을 배우면 '존경하는 뮤지션처럼 나만의 음악을 작곡할 수 있겠지', '음악 하는 동료를 만나고 같이 공연도 하며 인맥도 많이 늘어나겠지', '그럼 나는 졸업하면 히트곡을 내고 활동하는 뮤지션이 되어 있겠지!' 하는 부푼 꿈을 품었었다.

그러나 현실이 어디 생각대로 되나? 단기로 입시를 준비하면서 암기하듯 외운 화성학 이론은 실기 능력이 뒤따르지 않아 연주에 응용하지 못했고, 펑키나 재즈처럼 다양한 장르의 입시 곡을 연습했던 동기보다 곡 레퍼토리가 협소했다. 적어도 4년제나 그에 버금가는 음악 교육을 받고도 더 배우고자 대학원에 온 동기를 따라잡는 건 매 순간순간이 벅찬 일이었다. 퇴사하고 월급이 없으니, 생활비와 학비도 벌어야 했다. 대학원 교무처에서 학과 조교로 일을 할 수 있었지만, 조교업무와 디자인 외주 업무로 주 40시간 이상

일을 하고 남은 시간에 과제와 실기수업 준비를 해야 했다. 식사는 부실해지고 잠드는 시간이 늦어지면서 간 수치가 정상 수치의 두 배가 넘었을 때도 생활 방식을 바꿀 수 없었다. 무지하고 부족한 데도 너무 많은 걸 기대한 내가 유일하게 줄일 수 있는 건 밥값과 잠뿐이었으니까. 그때 휴식이 필요할 때마다 시간을 보낸 곳이 독립서점이었다.

어릴 적부터 책과 서점을 좋아했다. 중·고등학교 점심시간마다 교내 도서관에서 책을 읽었고, 약속이 있는 날이면 약속 시간 보다 일찍 집을 나서서 근처 서점에 들러 구경하는 게 습관이었다. 대학원에서 와서는 혼자 공부하는 시간 말고는 여유가 없어서 사람을 만나기보다 책을 더 많이 읽었다. 그때 SNS를 통해 '독립서점(동네서점)'을 알게 되면서 관악구의 작은 독립서점을 찾아간 게 첫 시작이었다. 처음 가본 독립서점은 마치 즐겨 읽던 히가시노 게이고의 소설에 나오는 '나미야 잡화점'처럼 친근하고 신비로웠다. 판매가 이루어지는 공간이라기보다 '책을 전시하는 이야기 시장'처럼 보였다. 독립서점에서 판매하는 독립출판물은 제목이 어찌나 새롭던지, 이렇게 제목을 지을 수 있나 싶은 것도, 맞아 이런 게 제목이지 하는 책도 있었다. 그날 이후로 서울의 독립서점을 찾아 다니는 새로운 취미가 생겼다.

독립서점에 가면 항상 나와 같거나 같았던 사람의 이야기가 가득했다. 책등이 있거나 실로 엮거나 스테이플러 철심으로 고정하는 등 저마다 제본된 형태만 다를 뿐, 각자가 어떤 이유로 힘듦에 부닥쳤는지, 얼마나 힘들게 버티고 해처 나왔는지와 같은 지극히 개인적인 이야기가 책 속에 담겼다. 마치 자신을 신뢰하지 못할 때가 누구나 있을 수 있다고, 그리 큰 실수가 아니라고, 그저 살아가는 수많은 장면 중 하나라고 말해주는 듯했다. 그 공감과 위로는 한 발짝도 나아가지 못하고 뒤처지지 않으려고 버티던 나를 지탱해 주는 힘이 되었다. 내게 독립서점은 그런 곳이었다.

서해안 고속도로를 따라 운전한 지 세 시간쯤 지났을 때 드디어 군산 톨게이트를 통과했다. 톨게이트를 지나 조금 더 깊이 국도를 타고 들어가다 보면 햇볕이 도로와 논밭을 구분 없이 노랗게 물들이는 곳에 우뚝 솟은 건물 하나가 보인다. 곰 인형이 건물 입구에서 우릴 마중하고 붓으로 쓴 것 같은 글자가 건물 유리문을 가득 뒤덮고 있는 이곳은 군산의 대표 독립서점 '조용한 홍분색'이다. 공연장에 도착해 우리의 버킷리스트를 이뤄준 서점 사장님과 인사를 나눴다. 사장님과의 인연은 첫 책을 출간하고 처음 참가한 북페어 때부터 이어진 인연이었다. 그때 북페어를 기획하고 개최한 곳이 바로 이곳 군산 '조용한 홍분색'이었고, 지금까지 그곳에서 만난 첫 북페어 작가님들과 동기라고 부르며 인연을 이어가는 중이다.

"준희님 오늘 공연 잘 부탁드려요."

서점 대표님과 인사를 나눈 뒤 도착하자마자 곧바로 서점 내 공간에 장비를 가져다 놓고 하나하나 무대를 세팅하기 시작했다. 공연 시작 1시간 전에 도착한 덕에 여유롭게 세팅할 수 있었다. 마이크 스탠드를 세우고 의자를 배치해 무대 중앙을 맞추고 버스킹용 스피커에 마이크와 기타를 연결했다. 곧이어 간략한 기타 연주로 악기와 보컬의 음향을 조정하고 마지막으로 두 곡 정도 부르며 공간 음향을 맞추면서 세팅을 마쳤다. 리허설까지 모두 마치고 관객석에 앉아 무대를 바라보니 이 모든 게 꿈이 아닌 현실로 다가왔다. 드디어 서점에서 공연을 하는구나. 공연 시간이 다가오자 서점에는 관객들이 하나둘 자리를 채우기 시작했다. 하나둘씩 자리를 잡은 관객과 멀찌감치 떨어져 공연 시간이 다가오길 조용히 기다렸다. 공연 시작 2분 전, 관객석을 지나 무대 의자에 자리를 잡았다. PM 7시 정각 드디어 '밤의소요' 첫 공연을 시작했다.

〈빛〉

민수님과 함께 공연할 때마다 첫 곡으로 부르는 〈빛〉은 '밤의소요'라는 밴드명과 걸맞은 곡이다. 불면증을 한창 앓던 때 썼다는 이 곡을, 내가 나를 잊어가는 칠흑 같은 밤에 이 노래가 빛이 되어주길 바라는 마음으로 불렀다. 민수님의 자작곡 중에 가장 좋아하는 노래다.

〈편지〉 편곡(원곡_김광진)

존경하는 김광진 선배님의 〈편지〉를 불렀다. 이 노래는 누군가가 너무 소중해서 나의 불안과 사랑따윈 접어두고 오직 그의 '안도'만을 위한다는 노래다. 부를 때마다 울컥하고 마는, 그래서 기필코 담백하게 부르겠다며 다짐했지만 결국 눈가에 눈물이 맺혔다.

〈Do nothing〉 자작곡

대학원 시절 작곡 과제로 만든 곡이다. 어제와 오늘이 거의 같은데 단지 한 사람(또는 하나의 요소)가 없다는 이유로 아무것도 하고 싶지 않을 때의 마음을 담았다. 나의 우울한 고백을 민수님의 경쾌한 스윙리듬을 가미한 편곡으로 관객의 어깨를 들썩이게 만들었다.

이외에도 온전히 밴드의 색이 묻어난 노래로 1시간을 채웠다. 공연은 '위로'라는 하나의 메시지를 관통했고, 그 메시지를 관객에게 전달하는 동안 처음부터 끝까지 우리 밴드만의 시간이었다. 동시에 그 자리에 있는 나를 포함한 모두가 위로받는 걸 느꼈다.

준비한 곡과 앙코르 받은 두 곡까지 노래하니 마침내 공연이 끝났다. 어떤 분은 내게 목소리가 정말 좋다고, 어르신 한 분은 자기는 나이가 많아서 젊은 사람들 노래가 어려웠지만 오늘은 따뜻하게 잘 들었다고 말해주셨다. '따뜻하게 잘 들었다.' 음악을 하며 소리 내는 보컬로서 이보다 뿌듯한 칭찬이 있을까.

"오늘이 진짜 우리의 첫 무대였어요."

공연을 마치고 돌아오는 차 안에서 누가 먼저 꺼낸 말인지 기억도 나지 않을 정도로 우린 같은 말을 내뱉었다. 그렇게 우리는 첫 무대를 마치고 어두운 밤을 시원하게 가르며 다시 서울로 돌아갔다.

길 위에서 여행을 노래해 〈나와 함께 걸을래〉

　어둠 속에서 주섬주섬 옷을 꺼내 입고, 눈곱을 겨우 떼고 밖으로 나왔다. 자욱한 안개가 두 볼에 닿더니 촉촉하게 젖었던 뺨은 금세 차가워졌다. 손을 호호 불며 불이 켜진 카페로 들어갔다. 우유를 살짝 넣어 부드러워진 커피를 한 잔 마신 후 스마트폰의 음악 어플을 실행했다. 어제 듣다 만 〈달리기〉가 흘러나왔다. 〈달리기〉는 시대에 따라, 누구는 '윤상'의 노래로, 누구는 'S.E.S', 또는 '옥상달빛'의 노래로 기억한다. 이 노래뿐 아니라 많은 노래가 오래전 만들어져 현재의 가수 목소리로 재탄생되었다. 참으로 신기하다. 세상은 더 나은 방향을 향해 나아가고, 되돌아서지 않는 쳇바퀴를 돌고 도는 것 같지만 막상 예전에 탄생한 것이 더 많은 사랑을 받을 때가 있고, 오래도록 수많은 사람에게 이어져 오는 것들이 있다. 내가 지금 걷고 있는 길, 여기 '산티아고 순례길'도 그중 하나다. '어차피 시작해 버린 것을~ 창피하게 멈춰설 순 없으니~' 〈달리기〉 노래 가사가 처음에는 이곳과 잘 어울린다고 생각했는데, 몇 번 반복해 들으니, 이 노래는 가사가 아닌, 시대가 지나도 여전히 사랑받고 있는 그 모습 때문에 이곳과 더 어울렸다.

산티아고 순례길은 스페인의 성 야고보의 무덤이 있는 도시 '산티아고 데 콤포스텔라'로 향하는 길이다. 저마다 정한 출발지에서 각자의 길을 따라 도착지인 '산티아고 데 콤포스텔라'를 향해 나아간다. 프랑스에서 이어지는 프랑스길, 포르투갈에서 이어지는 포르투갈길, 스페인에서의 다양한 길들이 있지만 어떤 길을 걷든 상관없다. 모두 하나의 목적지를 향해 나아갈 뿐…. 스페인에서도 굉장히 외곽에 있어서 교통이 불편한데도 불구하고 이곳을 찾는 순례자들은 매년 늘어난다. 옛 순례자들이 만들어 놓은 그 길을 따라 천 년이 지난 지금도 여전히 이 길은 걸어서 끝으로 향한다. 누군가가 걸었던 흔적을 따라, 누군가가 걷고 싶다는 그 길의 앞선 사람이 되어 나아간다. 마치 계속 이어지는 〈달리기〉 노래처럼.

다음 곡으로 넘어갔다. 윤종신, 곽진언, 김필의 〈지친 하루〉다. '내가 택한 이곳이 나의 길'이라는 가사가 귀에 쏙쏙 꽂혔다. '그래, 이곳은 내가 선택한 길이야.' 벌써 세 번째 산티아고 순례길을 걷고 있다. 두 번째 걸을 때 일곱 곡의 노래를 들었었다. 앞의 두 곡과 윤하 〈기도〉, 윤미래 〈너의 얘길 들어줄게〉, 김동률 〈출발〉로 시작된 플레이리스트에서 걸으면서 추가된 이승철 〈아마추어〉와 딕펑스

〈같이 걸을까〉가 그 일곱 노래였다. 이번 산티아고 순례 길은 고민할 필요 없이 지난번 플레이리스트를 그대로 반복했다. 길을 걸으며 같은 노래들을 반복해서 듣는 것이 지루할 수도 있겠지만 이 길에 어울리는 노래들은 내 여행을 더욱 의미 있게 만들었다. 마음을 단단하게 만들고, 잊지 말아야 할 것들을 떠올리게 했다. 온종일 걷는 동안 계속해서 반복적으로 노래들이 흘러나왔고, 길은 계속 되돌아가지 않고 앞으로 나아갔다.

노래를 들으면 그 노래가 흘러나왔던 과거 속 장면이 떠오른다. 어제 듣던 노래를 이어 듣는 지금도 어제의 기억이 떠올랐다. 어젯밤은 유독 노을이 짙었다. 낮엔 하늘에 구름이 많았고, 싸늘한 공기가 바람과 함께 흘러 다녀 너무 힘들었는데, 밤을 진하게 물들인 노을을 보곤 힘들었던 감정이 금세 행복해졌다. 깊은 밤이 어둡더라도 지금 붉어진 노을을 보며 마음의 열정을 태우라는 듯 위로하고 있었기 때문이다. 덕분에 편안히 밤을 보냈다.

카페를 나와 걸음을 재촉했다. 걷는 길은 힘들겠지만 힘듦 후에 맞이하는 달콤한 휴식을 어서 느끼고 싶어 부지런히 걸었다. 한낮이 절정을 지난 후, 해가 조금은 기울어 햇살이 차분해지던 때 오늘의 목적지인 마을 입구에 드디어 도착했다. 아침부터 듣던 노래는 몇 번의 반복 재생을 하며 다시 그 시작인 〈달리기〉 노래가 흘러나오던 참이었다. 그러다 문득, 계속 듣고 있던 이 노래 말고 다른 노래를 들어볼까 생각했다. 이왕이면 초대장 같은 노래를 하나 추가

하고 싶었다. 아니, 내가 직접 만들어 부를 수 있다면 얼마나 좋을까! 이 길 위에서 '여행'을 노래해 사람들을 초대하고 싶었다.

"여행 노래 하나만 만들어 주세요."
"갑자기…?"
"뭐가, 맨날 만들어 달라 했지!"
"아니… 지금, 갑자기…?"

작곡이 가능한 가수인 친한 동생 성현에게 뜬금없는 톡을 보냈는데, '갑자기?'라는 답변이 왔다. 자꾸 '갑자기'라고 하길래 생각해 보니 여기는 오후인데, 한국은 새벽이었다. 시차를 생각하지도 않고 보낸 톡에 새벽에 답변을 하는 것도 이상했다. 갑자기라는 말이 나올 수밖에!

나와 함께 넌 이 길을 걸어가
언젠가 걷고 싶다던 이 길에 너를 초대해
오늘은 어떤 길일까
설레는 발걸음을 재촉해
내일은 우리에게 없는 걸 알고 있지

오래전, 작사 수업을 받았던 적이 있었다. 그때 어떤 멜로디를 들으며 끄적였던 가사 몇 줄이 마침 스마트폰의 메모장에 고이 저장되어 있었다. 그 노랫말을 당장 보냈다. 이런 가사 느낌으로 노래를 만들어 보자고.

"생각하는 노래 스타일 있어요?"라는 성현에게 영상 OST에 담아도 이상하지 않게 밝은 느낌이길 바란다고 전했다. 특히 왈츠 느낌이길 원한다고 말이다.

"잠깐만. 누나가 노래할 거죠?"
"응….."
"그럼 누나 키에 맞춰서 만들어 줄게요."
"누구나 부를 수 있게!"
"누나가 부르면 누구나 부르긴 함."

틀린 말은 아니니까 딱히 부정하지 않았다. 시간이 10분쯤 흘렀을까. 시안이라고 하나의 멜로디 파일이 도착했다. 들어보니 마음에 쏙 들었다. 성현은 내가 마음에 든다는 시안에 맞춰 멜로디를 완성하겠다고 했고, 나보고는 가사를 적어 달라고 했다. 갑자기 힘이 났다. 같은 배낭의 무게가 아까와 다르게 가볍게 느껴지는 것, 아팠던 무릎이 쌩쌩해지는 건 내 감정이 어떠한 설렘의 전율을 고스란히 받아서였다. 정말인지 마음먹기에 따라 감정은 너무도 변했다. 가사를 써야 했기에 모든 감각에 집중했다. 걸으면서는 이 길에 있을 미생물의 존재까지도 떠올리며, 모든 사물에 감정이입을 해댔고, 쉬면서는 흐르는 땀방울과 뛰는 심장의 냄새와 소리를 들으며 감정을 적었다. 숙소에 도착해 짐을 풀고도 생각을 정리했다. 침대에 누워서도 가사를 끄적이다 스르륵 감기는 눈꺼풀을 참을 수 없어 그대로 쓰러져 잠들었다. 며칠을 그랬다. 덕분에 산티아고 순례길이 끝나가는 동안 노래의 멜로디와 가사는 거의 완성되었다. 그리고 슬슬 녹음 일정도 잡혀갔다. 하지만 내 노래 실력이 문제였다. 노래를 잘하지 못하기 때문에 연습을 많이 해야 했다. 멜로디를 익히는 것부터 목소리를 노래처럼 부르는 것까지 쉬운 일은 없었다. 레슨이라도 받고 싶었지만 그럴 여유도 없어 그대로 시간만 흘렀다. 결국 녹음 일정을 한 번 취소하고 다시 잡았다. 덕분에 녹음하기 전 다시 여행길에 올랐다. 산티아고 순례길은 아니었지만 비슷한 시코쿠 순례길로 향했다.

일주일간 시코쿠 순례길을 걸었다. 시코쿠 순례길은 산티아고 순례길과 비슷한 역사와 거리를 가진 길이다. 산티아고 순례길이 그리스도교의 성 야고보의 무덤으로 향하는 것이라면 시코쿠 순례길은 홍법 대사의 발자취를 따라 88개의 사찰을 순례하는 불교 순례길로 다를 뿐이다. 그러나 시코쿠 순례길에선 사람들을 만나는 것은 쉽지 않았다. 굉장히 외로웠다. 그래도 덕분에 내가 쓴 가사의 노래를 계속 듣고 불러 보고 연습할 수 있어서 외로움이 많이 해소되었다. 게다가 산티아고 순례길에서 만들었던 노래가 시코쿠 순례길과도 잘 어울려서 다행이었다.

한국에 돌아와서 얼마 지나지 않아, "녹음 날짜가 잡혔습니다."라고 연락이 왔다. 드디어 올 것이 왔구나!

"완벽하게 연습해서 올 것! 녹음은 3시간을 넘어서는 절대 안 됨!"

녹음실은 3시간 대여를 기준으로 했고, 작곡가 외에도 편곡자, 마스터링 등 여러 명이 함께 작업하는 일이었다. 나만 빼고 모두 프로들이 모인 자리인 데다가 나는 노래를 잘하지 못해 주눅이 들어 있었다.

"녹음실에 히터 틀어 주세요!"

녹음실에 들어갔는데 너무 추웠다. 그래서 히터를 틀어 달라고 하자, 담당자가 히터는 녹음에 방해되기 때문에 안 된다고 했다. 여름에도 에어컨을 틀지 못하기 때문에 가수들은 그것을 알고 옷을 맞춰 입고 온다고 한다. 결국 덜덜 떨면서 녹음을 시작했다.

"화장실 미리 다녀오고요, 물도 미리 가지고 들어가세요! 왔다 갔다 안 돼요!"

녹음실 소리가 밖으로 새어 나가면 안 된다고 녹음실에 들어가면 영락없이 노래를 마무리해야만 나올 수 있는 그런 건가. 가수들처럼 녹음 금방 하고 나갈 수 있는 것도 아닌데 너무 규칙이 많은 거 아니냐며 괜히 투덜거렸다.

멜로디가 흘러나왔다. 그리고 박자에 맞춰 노래를 시작했다. 그러나 역시 노래 숙지가 잘 되어 있지 않아서 삐걱거리기 시작했다. 너무 춥고 컨디션이 별로였고, 노래는 어려웠고… 그런데도 여러 사람의 도움으로 한 음절씩 끊어서 잘 따라 할 수 있었다.

"한 번 들어 볼게요!"

곧이어 내가 부른 노래가 헤드폰으로 들려 왔다. 마스터링해 주는 분이 무언가를 만지작거리더니 재생된 노래는 내가 아닌 듯 너무 좋았다.

"와! 내가 정말 이렇게 했다고요?"
"노래 나올 땐 조용히 해주세요!"

혼났다. 노래 나올 땐 어떠한 소음도 안 된다고 한다. 뭐가 이리 안되는 게 많냐고 속으로 투덜거렸지만 사실 이런 투덜거림이 싫지 않았다. 길에서 만든 노래에 멜로디가 생겼고, 그걸 부르는 이 순간이 너무 행복했다.

낮에 녹음실에 들어갔는데 나왔더니 밤이었다. 처음에는 걱정이 많았는데 나왔을 땐 후련했다. 노래를 만들겠다고 생각했을 뿐 이루어지지 않을 것 같았는데 어느새 한 곡이 완성되었다.

제대로 노래조차 부를 수 있을지 몰라 가족들에게도 비밀로 하고 오직 작곡가와 작업을 한 몇몇을 제외하고 아무도 녹음 소식을 몰랐는데 무사히 녹음이 끝났으니 이제는 말을 할까 생각하다가 그냥 깜짝 발표를 하는 게 더 나을 듯해서 꾹 참았다. 많이 추운 한겨울이었는데도 집에 가는 길에 차에 히터를 틀지 않아도 괜찮을 만큼 포근했다. 녹음이 끝난 후 느끼는 카타르시스와 주변인들을 놀라게 한다는 말괄량이 성격이 합해져 내 몸이 저절로 따뜻했다.

녹음 후 한 달이 조금 지난 후 마스터링이 완성되었다는 연락이 왔다. 슬슬 유통을 준비했다. 일반인이라도 녹음된 음원이 있다면 우리가 흔히 아는 멜론, 지니 등 음원 서비스에서 유통할 수 있다. 직접 모든 서비스 회사와 계약을 거치는 방법도 있지만 상당히 복잡해서 편하게 유통사를 통하면 된다. 마침 아는 분이 개인 음원을 발매한 것이 기억나 유통사를 물어보고 그곳에 연락을 취했다. 음원 발매는 어렵지 않다고 한다. 음원 파일과 노래 가사, 그리고 크레딧 등 보도자료, 앨범 사진과 프로필 사진 등을 준비해 전달하면 발매일이 정해진다고 했다. 다만 음원 퀄리티가 낮으면 안 된다고 했다. 음원 퀄리티만큼은 자부심이 있어서 바로 유통을 준비했다. 하지만 막판에 작곡해 준 가수의 소속사 쪽 유통사를 통해 진행하는 걸로 결정했다. 소속사 쪽에서 이런 유통도 가능하다는 소식을 뒤늦게 접하고 이왕이면 작곡가의 소속사에서 발매하는 것이 여러모로 서로에게 나은 선택이기 때문이었다.

"발매일은 3월 2일입니다!"

발매일이 정해졌다. 음원 파일과 노래 가사 등 모든 자료를 넘긴 후 정확히 7일 만에 발매가 이루어졌다. 내가 쓴 가사와 내가 부른 노래가 세상에 소개가 되다니! 〈나와 함께 걸을래〉라는 제목의 노래는 각종 음원 서비스를 통해 발매되었고, 아무 곳에서나, 누구나 쉽게 음악을 재생할 수 있었다.

노래가 발매된 후, 2년이 조금 지나 다시 산티아고 순례길에 올랐다. 네 번째 순례길은 프랑스 길을 걷기로 했다. 생장피에드포르에서 시작해 피레네를 넘어 팜플로나까지 걸었다. 고작 4일간의 여정이었다. 누군가는 왜 더 걷지 않고 이곳에서 돌아가냐고 물었고, 누군가는 당신의 여정이 끝난 것을 축하한다는 인사를 건넸다. 나는 그곳에서 되돌아오긴 했으나 애초에 목적지가 산티아고 데 콤포스텔라가 아닌 팜플로나였기에 만족하는 여정이었다. 그리고 네 번째 산티아고 순례길은 아직 끝나지 않았다. 다음에는 팜플로나부터 시작해 가능한 만큼 또 걸을 거다. 그렇게 계속 이어 나가다 보면 언젠가 마지막에 다다르겠지.

이번에도 여전히 예전의 플레이리스트가 그대로 재생되었다. 다만 내가 듣던 일곱 곡의 노래 플레이리스트는 여덟 곡으로 늘어났고, 그중 한 곡이 내 노래 〈나와 함께 걸을래〉라는 것이 달라졌을 뿐이다.

'내가 부른 노래를 들으며 산티아고 순례길을 걷는 순간이 오다니!' 이 노래는 다른 사람이 아닌 나를 다시 이 길에 초대했다.

> 매일 달라지는 이 마을 길에
> 매일 달라지는 내 맘을 느껴
> 길을 잃어 헤매어도 그건 나의 길이야
> 반짝이는 꿈을 따라온 길

산티아고 순례길은 오늘 무엇을 할지, 어떤 스케줄로 움직일지 아무것도 정하지 않은 채, 마지막 목적지를 향해 나아간다. 그러다 보니 매일 달라지는 마을을 만나고, 서서히 내 마음에도 어떤 변화가 찾아온다. 길을 잃어 만난 한 송이 꽃에 더 큰 행복을 발견하는 나를 보며, 길을 잃다가 더디게 걸어서 머물게 된 어떤 마을의 별빛을 보며… 진짜 원하는 것이 무엇인지 알게 된다. 그리고 이 길을 꼭 끝내야만 전부가 아니라는 것도 말이다. 반짝이는 꿈을 발견했다면, 이 길보다 더 나은 무언가를 찾았다면, 그게 길의 끝보다 더 소중한 것 아닐까.

어느 소녀의 낮과 밤

낮은 열정으로 넘쳤지

노래가 추억을 타고 흐르는 걸까 추억이 노래를 따라 흐르는 걸까. 머리와 가슴속에 기억되는 노래가 없다면 이미 지나 버린 시간의 추억은 흩어진 파편이 되어 떠오르지 않을 것이다. 많은 시간이 흘렀어도 이상은의 '언젠가 우리 다시 만나리' 노래 가사가 스치듯 다가와 지나온 10대의 소녀 시절로 데려다 놓는다. 콧노래를 흥얼거리며 선율의 현을 따라 파노라마처럼 펼쳐진 장면을 되감으며 타임머신을 타고 고등학교 리즈 시절로 돌아가 본다.

하얀 교문을 들어서면 넓게 펼쳐진 운동장과 플라타너스 그늘에 앉아 함께 웃고 떠들던 선후배와 동창 친구가 있고 내가 있다. 고등 시절 우리는 대학이라는 목표를 꿈꾸고 10대 시절을 즐기며 배우는 것에 있었다. 가정 형편이 좋거나 일찍이 대학에 꿈은 품은 친구들은 먼저 도회지로 떠났고, 고등학교 졸업장에 뜻을 품은 우리는 고등학교가 학생으로 즐길 수 있는 마지막인 것처럼 열정적으로 학창 시절을 즐겼다. 시골 학교였지만 희망이 있었고 꿈도 있었으며 우정 안에 사랑도 있었다. 간혹 '개천에서 용 난다'라는 말을 실감하게 하는 학생도 있었다.

도시에 비해 시골은 즐길만한 문화시설이 없었다. 학교 음악 시간에 배우는 노래와 클래식으로 베토벤, 모차르트, 헨델을 아는 정도였으며 선생님께서 쳐주는 피아노 소리가 음악을 아는 범주였다. 미술관이란 단어는 낯설었다. 미술 시간에 미술책을 보며 유명 화가 마네, 모네, 르누아르, 고흐 등 시험을 보기 위해 겨우 이름만 외우는 정도로 작품을 감상하는 것이 문화라면 문화였다. 인구 밀도가 적은 면 소재지에는 책을 볼 수 있는 도서관이 없었다. 흥행하는 영화를 볼 영화관이 없어 완행버스를 타고(버스는 30분이나 1시간 간격으로 운행하여 자주 오지 않는다.) 2시간은 가야 영화관이 있는 시에 도착할 수 있었다. 가끔 학교 강당에 모여 단체로 보여주는 영화와 토요일이면 더빙한 주말의 명화로 문화의 목마름을 달래야 했다. TV를 갖고 있는 집도 드물었다.

그나마 손쉽게 접할 수 있는 게 대중가요였다. 라디오가 나오고 더블 녹음이 되는 카세트가 있는 친구는 공테이프에 노래를 녹음해 테이프가 늘어날 때까지 듣고 또 들었다. 공테이프 살 돈이 부족하고 한 번만 쓰기 아까워 노래 가사가 외워지면 다시 그 위에 노래를 덧씌워 재녹음을 하곤 했다. 가난한 학생으로 좋아하는 가수 정품 테이프를 사는 것은, 열혈 팬이 아니면, 주머니에서 돈을 꺼낼 때 손을 떨게 했다. 한 시대를 살아갈 때 물건은 시대를 반영한다. 지금은 휴대폰으로 음악을 저장해 듣지만, 1988년에는 테이프가 MP3와 CD 플레이어 역할을 했으며 휴대용 카세트(일명 마이마이 또는 워크맨)은 휴대폰 역할을 했다. 우린 나름 X세대였다. 아날로그와 디지털을 함께 공유한 세대이다.

네모난 모양의 테이프가 카세트에 씹히기라도 하면 갈색 테이프가 끊어지지 않게 조심스럽게 뺀 후 연필이나 볼펜으로 톱니바퀴처럼 생긴 가운데 구멍에 넣고 돌려 테이프 끈이 꼬이지 않게 가지런히 넣고 냉동실에 하루쯤 넣어두었다 다시 사용하곤 했다. 더블 카세트가 없는 친구는 듣고 싶은 노래의 목록을 적어 면 소재지에 하나밖에 없는 녹음사에 갖다주면 본인이 좋아하는 음악으로 플레이리스트를 만들 수 있었던 시절이었다. 우리는 그렇게 우리만의 문화를 만들어 그 시절의 음악을 즐겼다.

흑백사진 속 앨범을 넘기며 친구들 이름을 되뇌어 부른다. 때는 바야흐로 1988년, 서울 올림픽으로 세상이 떠들썩했다. 올림픽은 대한민국 국민과 더불어 세계가 놀란 일이었다. 이름도 생소하고 어디에 있는 나라인지도 모르는 곳에서 올림픽이 개최되는 것이다. 대한민국은 1950년 6.25 전쟁을 겪고 한강의 기적을 일으켜 아시아의 4마리 용에 등급 하며 38년 만에 세계가 주목하는 나라가 되었다. 세계에서 109위에 속하는 작은 땅덩어리를 갖고 있는 동방의 나라, 세계가 한국이 들썩들썩하니 시골 학교라고 조용 할 리 없다.

고교 시절의 부푼 꿈을 안은 1학년 5반의 교실에 50여 명의 여학생들로 시끌시끌하다. 난 이 반의 반장이며 오늘 일의 주모자이다. 주체하지 못할 정도로 에너지가 넘치고 무엇이라도 부숴버릴 것 같은 나는 아니 우리는 올림픽의 열기를 어떻게라도 느껴야 했다. 지금 분위기라면 누가 덤벼도 이길 기세다. 일의 시작은 올림픽이었다. 체육부장을 비롯해 다른 임원들과 함께 토요 수업을 마치고 오후에 있을 반 대항 체육대회 준비를 하느라 분주하다. 배구팀, 농구팀, 족구팀으로 나누어 한 치의 양보도 하지 않겠다며 결의를 다졌다. 각 팀의 대표주자는 올림픽 국가대표 선수 못지않게 신중했고 각오는 남달랐다. 운동장에 모여 얼굴에 핏대를 세우고 서로 있는 힘껏 경기를 치열하게 했다. 지지 않으려고 응원에 응원하며 열렬히 환호했다.

서로 어깨동무하고 몸을 좌우로 흔들며 "야~야야야야~ 야야야야~" 아리랑 목동 응원가를 부르며 분위기를 한껏 끌어 올린다. 운동장은 뜨거운 열기로 가득하다. 반면 하늘의 구름은 얼굴을 온통 찌그리고 잔뜩 먹구름을 안고 있다. 금방이라도 비가 쏟아질 것 같다. 그렇다고 비에 굴할 그녀들이 아니다. 그녀들의 열기를 하늘도 막을 수 없었다. 응원소리와 함성은 넓은 운동장을 뒤흔들었다.

하늘은 점점 더 어두워지고 있었다. 이윽고 장대 같은 비가 그녀들의 머리 위로 떨어졌다. 식을 줄 모르는 열기에 비가 와도 경기는 계속 지속되었다. 그때 운동장 확성기에서 낯익은 체육 선생님의 목소리가 쩌렁쩌렁하게 울렸다.

"야, 1학년 5반 요것들아, 느그들 안 들어가고 뭐 하냐?

비 오잖아. 운동장 흙 다 짓이겨지잖아. 운동장 어쩔 거야." 선생님의 소리는 허공에 날아가고 우리는 들리지 않았다. 또다시 호통에 소리가 들렸다. "너희들 지금 다 교실로 들어가지 않으면 다음 체육 시간에 운동장 열 바퀴야." 우리는 누구라고 할 것 없이 모두 교무실을 향해 소리치며 고개를 흔들고 손으로 엑스 표시를 하며 크게 웃었다. 잠시 후 확성기에서도 웃음소리가 새어 나왔다. "그래, 오늘은 느그들 세상이다. 맘대로 해라." 우리의 함성은 하늘의 비를 찔렀다. 선생님도 비도 무섭지 않았다. 오늘의 주인공처럼 우리는 목이 새도록 큰소리로 아우성을 쳤다. 우리의 기분은 하늘을 날았고 이 기분의 홍을 돋워 줄 음악이 필요했다. 난 준비한 카세트를 어깨에 메고 밤새 공테이프에 녹음한 음악을 틀었다.

그 시절 어깨춤과 다리를 흔들게 했던 이상은의 〈담다디〉로 온몸을 흔들어 예열하고 전영록의 〈사랑은 연필로 쓰세요〉 유미리의 〈젊음의 노트〉 이선희의 〈J에게〉 혜은이의 〈열정〉을 부르며 우리의 몸을 음악과 비에 맡겼다. 머리와 엉덩이를 흔들어 대며 운동장 흙은 어찌 되어도 상관없다는 듯이 발을 구르고 뛰며 열정을 불태웠다. 손에 손잡고 올림픽 주제가를 부르며 다시없을 오늘을 가슴 한 곳에 저장하며 노래를 부르고 불렀다. '즐기는 자 막을 수 없다.'는 이럴 때 쓰는 말 같았다. 하늘에서 뜨겁게 내리쬐는 해는 없었지만, 우리의 낮은 열기로 청춘의 힘으로 뜨거웠다. 이 순간만큼은 우리들 세상이었다. 누구도 말릴 수 없었다. 아무 걱정 없이 미래에 대한 불안 같은 것 없이 그냥 웃을 수 있었다. 웃고, 소리치고, 춤추고, 떠드는 친구들

사이에 내가 있었고 행복했다. 순간 우리의 젊음이 오래 가기를 바랐다. 내 리즈 시절 청춘은 친구들과 함께 영롱하게 빛났다.

추억 속 앨범을 덮으며 열정 넘치고 에너지 충만했던 학창 시절의 공기를 다시 한번 느껴본다. 그때만큼의 열기를 이제는 어디에서도 느낄 수 없다. '언젠가 우리 다시 만나리 어디로 가는지 아무도 모른다'는 이상은의 〈언젠가는〉 노래 가사처럼 그날의 친구들이 어디에 있는지 다 알지는 못한다. 우리가 어디로 갈지 아무도 몰랐고 무엇이 될지 아무도 몰랐던 그날의 순간을 한 컷 사진으로 찍어 흑백 앨범 속에 담으며 노래와 함께 간직한다.

밤은 길고 사랑은 미쳤지

밤이 되면 불빛이 거의 없는 시골 마을에 어둠과 함께 찾아오는 것이 있다. 까만 밤하늘에 별이 금빛을 내며 반짝거림으로 유혹할 때 음악은 밤의 어둠을 휘감으며 먹어 삼킨다. 같은 노래라도 낮과 밤 시간에 따라 공기를 타고 흐르는 파동이 달라 와닿는 느낌이 다르다. 밤에 듣는 음악은 낮에 들떴던 마음을 차분히 자라 앉히며 살포시 내 마음속으로 깊게 파고든다. '역사는 밤에 이루어진다'는 말이 있듯, 내 역사도 밤의 여신을 따라 흐른다. 밤의 별빛처럼 빛나고 설레게 하는 선배 오빠가 있다.

어둠을 뚫고 주홍빛 백열전등 아래 한 소녀가 라디오에

귀를 기울이고 있다. 라디오에서 흘러나오는 별밤 지기의 목소리는 밤의 시간을 지배한다. 속삭이듯 다정하게 다가오는 별밤 지기 목소리에 점점 빠져들고 있다. 시그널 음악이 방을 가득 채우며 "별이 빛나는 밤에" 멘트가 나온다. 첫 곡으로 이문세의 〈소녀〉 곡이 흐른다. 라디오 저 너머에서 들려오는 목소리지만 내 옆 가까이에서 말해 주는 것 같다. "내 곁에만 머물러요 떠나면 안 돼요." 노래를 따라 부른다. 노래 가사가 사랑이 날 붙잡는다. 모든 가사가 나에게 말을 걸어왔다. 음악에 사랑을 싣고 노래 속으로 빠지니 보고 싶은 오빠가 떠올라 배시시 웃음이 났다.

시골에 밤은 도시의 밤보다 길고 길다. 긴 밤에 음악이 없었다면 외로움에 몸서리쳤을 것이다. 음악은 시간을 잊게 했다. 머릿속을 둥둥 떠다니는 오빠가 보고 싶고 목소리가 듣고 싶어 밤을 지새울 때 별밤 지기의 밤에 속삭임이 있어서 많은 노래를 알고 부르게 되었다. 사랑에 빠지면 세상이 핑크빛으로 변하듯이 사랑 노래는 다 내 노래 같았고 노래 가사는 다 나에게 속삭이는 세레나데 같았다. 전영록 〈사랑은 연필로 쓰세요〉 노래 제목처럼 사랑을 쓰려면 연필로 써야 했다. 그래야만 했다. 편지지에 무슨 말을 써야 할지 몰라 썼다 지우기를 반복하고 있다. '보고 싶어'를 쓰고 지웠다. '사랑한다'는 말을 쓰니 얼굴이 빨개졌다. 리플레이하듯이 편지를 썼다 다시 지우다 보니 책상에 쓰다만 편지지로 가득하다. 쓰던 편지를 멈추고 생각에 잠겼다. '이 편지를 전할 수는 있을까?' 까만 밤하늘에 금빛으로 수놓은 밤과 하염없이 사랑을 속삭이는 노래는 그리움을 짙게 몰고

왔다. 어둠이 몰고 온 밤이 노래로 아름답게 빛났다.

노래가 가슴을 파고드는 고요한 밤 라디오에서 흐르는 노래를 들으며 살며시 눈을 감고 학교 운동장 농구대 앞에서 멋지게 레이업 슛을 던지던 선배 오빠를 떠올리니 가슴이 콩닥거렸다. 갈색 머리카락을 휘날리며 멋진 폼으로 공을 넣고 가늘고 기다란 손가락으로 이마 위로 머리카락을 쓸어 올렸다. 슬램덩크에 나오는 서태웅보다 멋있다. 선배 체육 시간이 되면 창가 자리에 앉아 가까이 보고 싶어 힐끗힐끗 선배를 쳐다보곤 했다. 서로 '좋아한다, 사귀자' 고백하지 않았지만 선배는 알고 있는 게 분명했다. 나에게 보내는 세레모니다. 오빠는 내가 보고 있는 것을 알고 멋진 폼을 보여준 거다. 센스쟁이. 운동장 농구코트에서 쿵쿵 울리던 농구공이 하트가 되어 방안을 둥둥 떠다닌다.

사랑은 신비한 묘약 같다. 맛있는 것을 먹으면 생각이 나고 좋은 노래가 있으면 함께 듣고 싶은 마음을 갖게 한다. 다른 공간에 있어도 한 공간에 함께하는 것처럼 느껴지게 만든다. 눈앞에 아른거리는 오빠가 생각날 때마다 별밤 지기가 틀어주는 노래를 들으며 마음을 사랑으로 가득 채웠다. 마음을 콕 찌르는 노래가 나오면 함께 듣고 싶어 한 곡 한 곡을 공테이프에 녹음하며 노래 가사가 내 마음인 양 담았다. 마음을 흔드는 노래가 나오면 쉴 새 없이 더블 플레이 버튼을 눌러 사랑을 담아 정성껏 녹음했다.

밤이 깊어도 잠은 오지 않았다. 어둠은 사랑의 시간으로 이끌었다. 밤 세계의 시간은 사랑으로 넘쳐 흘렀고 멋진 선배 오빠는 내 것 같았다. 방안을 가득 채우는 노래가 있고 사랑이 있어 길고 어두운 밤이 외롭고 무섭지 않았다. 사랑에 큐피드는 오빠를 향해 있었다. "나는 이렇게 미친 듯이 보고 싶은데 오빠는 날 어떻게 생각하고 있을까? 나 좀 사랑에 미친 것 아니야." 혼자 말을 하고 음악을 녹음하며 실없이 웃고 있다. 웃음소리에 호랑이 할아버지 헛기침 소리가 들린다. 숨을 죽인다. 미친 게 맞고 홀딱 반한 게 맞다. 밤은 길고 사랑은 점점 깊어 간다. 별과 사랑 그 오빠가 있는 밤이다. 노래는 밤을 적시며 사랑의 시간으로 흐른다. 별에 손을 뻗어 "아침이 천천히 왔으면 좋겠어." 귓속말로 속삭인다. 사랑이 노래에 녹아들기를 바라며 소녀는 스르르 잠이 든다.

"추억 속 그날, 어떤 가요 ♪"

추억 속에 노래를 떠올리면 가장 최초의 가요를 떠올리게 돼. 가사 외우기에서 이해하기로 넘어갔던 노래 말이야. 바로 신승훈의 <나보다 조금 더 높은 곳에 니가 있을 뿐>이란 노래야. 떠나간 연인이 세상에 없다는 걸 나보다 조금 더 높은 하늘에 있을 뿐이니 개의치 않다 여전히 사랑한다는 가사에 마음이 몽글했어. 어린 시절 친형과 이부자리에 누워 함께 열창했었어. 소중한 추억의 노래야.

@허준희

추억은 자기 삶의 한 부분이 적혀 있는 노트라 생각해. 행복일지 아픔일지 모르지만, 누구나 한 번쯤은 펼쳐보곤 하잖아. 내가 힘들었을 때 자주 듣고 위로받았던 추억 노래 3곡을 간단히 소개할게. 김종국 <한 남자>, 김건모 <미안해요>, 왁스 <부탁해요>. 정신과 육체 모두 힘들었던 시기에 부르지도 못하던 노래를 노래방에서 악을 쓰며 불렀던 나의 추억의 노래야. 모르겠어. 그냥 이 노래들만 들으면 눈물이 났어.

@표병수

오래전부터 탱고에 깊이 매료되었어. 탱고음악을 연주할 때 자주 등장하는 반도네온을 배우면서 가인의 <돌이킬 수 없는>의 도입부에 등장하는 멜로디를 연주해 봤어. 이 노래를 처음 들었을 때 탱고가 대중음악에 세련되게 녹아들었다고 느껴졌거든. 반도네온은 양손의 버튼마다 계이름이 제각각인데 이 노래의 도입부는 다행히 오른손으로만 연주해서, 20여 초의 짧은 도입부를 어설프게나마 따라갈 수 있었지.

@Jacques

고등학교 3년, 인생이라는 영화 속 OST

Prologue

남들은 그립고 돌아가고 싶다고 말하지만, 나에게는 그렇지 않은 시간. 주변인들로부터 자연스레 소외되며 혼자 있는 시간이 많아지고 인생의 방향을 제대로 찾지 못해 방황했던 시간들. 살면서 문득문득 고등학생으로 지냈던 3년의 시간이 떠오를 때가 있다. 예전에만 해도 이 기억들이 괴로워서 어떻게든 잊어보려 노력했지만, 꽤 오랜 시간이 흐른 끝에 그 순간들도 내 인생의 장면들이었다고 받아들였다. 그리고, 각 학년 때마다 나의 시간들을 대변해 온 노래들이, 그 시절을 슬프고도 아련한 장면들로 만들어 주었다.

1학년 - 혼자가 차라리 편하고 싶었던 그날의 밤들

난, 늘 혼자였다. 정확히 말하면, 혼자인 게 차라리 낫다고 생각했다. 그 나이 특유의 남학생들의 거친 언어와 행동, 짓궂은 장난들로 마음의 상처를 받기 일쑤였고, 그들에게 나는 지나치게 예민하고 맞추기 어려운 사람으로 치부되었다. 여학생들도 그들만의 굳건한 테두리를 형성하고 있어 마음 편히 이야기를 나눌 대상을 찾기가 어려웠고, 그렇게 나는 혼자가 되었다. 지금은 혼자인 게 아무렇지 않은 세상이 되었지만 그 당시만 해도 혼자 있는 사람을 인격에 문제가 있는 사람으로 규정하는 분위기였고, 자의 반 타의 반으로 혼자가 된 나는 무엇 때문에 이리 마음이 힘든지조차 가늠할 수 없었다.

그렇게 고독하고 외로운 날들을 보내던 와중에 한 친구와 가깝게 지냈던 시간이 나에게도 찾아왔다. 같은 반 친구였는데 나와는 여러모로 반대되는 성향이었다. 운동을 잘하고 강인한 이미지여서 그 나이의 남학생들이 동경할 만한 대상이었던 반면에 농담이나 장난을 심하게 치는 경우도 있었기에 가까이 지내고 싶지는 않았었다. 그러다가, 1학년 2학기에 어떤 일을 계기로 친해지게 되었는데 사실 그 과정이 지금은 잘 기억나지 않는다. 다만, 이 친구와 이야기를 하면서, 개구쟁이 같은 겉모습과 달리 속이 깊고, 나만 알고 있을 법한 옛날 영화들과 음악들도 잘 알고 있다는 점에 적잖이 놀랐다. 마음 터놓고 이야기를 나눌 사람이 없었는데, 이 친구라면 마음을 터놓을 수 있을 것만 같은 기대감이 생겼다.

예전부터 나는, 마음이 평온하고 기쁠 때 오히려 슬픈

노래를 즐겨 들었다. 노래에 담긴 슬픔은 현재의 내 모습과는 거리가 멀고, 지금의 나는 괜찮은 상태라는 것을 확인하고 싶어서였을까. 아니면, 슬픔이라는 감정을 느끼는 사치를 누리고 싶어서였을까. 1학기 때 체육대회 장기 자랑에서 누군가가 가수 박화요비의 〈그런 일은〉을 부르는 모습을 보고 반해서, 박화요비의 예전 앨범들을 반복해서 들었는데 마침 2학기 때 3집 앨범이 발매되었고, 이 앨범의 다섯 번째 트랙인 〈이런 밤〉이라는 노래를 유독 좋아했다. 혼자인 것이 싫어서 창문을 여러 바람이라도 맞이하고 싶었고 새벽은 멀기만 한데, 익숙한 노래도 잘되지 않는, 잠들 수 없는 밤을 이야기하는 노래. 나에게도 이런 밤들이 가득했었는데, 이제는 적어도 혼자는 아니니까 이 노래 속에 담긴 슬픔과 고독함이 오히려 고팠다고나 할까. 그 친구는 야간자율학습 시간 때마다 비어있던 내 옆자리에 앉아 같이 공부를 했고, 교실을 떠날 때 가끔씩 셔틀버스를 타는 정류장에 같이 내려가면서, 그 짧은 순간에도 이야기를 나누고는 했었다. 집에 돌아가는 셔틀버스 안에서는 언제나 워크맨으로 〈이런 밤〉을 들으며, 오늘도 마음이 편안한 상태에서 이 노래를 들을 수 있음에 감사했다.

매일 밤 이 노래를 들은 지 4개월 정도 되었을까. 안타깝게도 그 친구와의 관계는 오래가지 못했다. 정확히 설명할 수는 없지만, 어느 순간부터 조금씩 균열이 생겼고, 그 친구의 심한 말과 장난을 받아주는 데 지쳤다. 그러다가 돌이킬 수 없는 일로 서로에게 심한 오해를 하게 된 이후부터 인사도 하지 않는 사이가 되어 버렸다. 그렇게 된 날부터,

나는 한동안 그 노래를 들을 수가 없었다. 그 노래 속의 외로움이 이제는 내 이야기가 되어 버렸기에. 노래의 첫마디만 들어도 감정을 주체하지 못해 잠들 수 없는 밤을 보내리라는 것을 잘 알았기에.

2학년 - 내 인생의 주변인이 되지 말자는 다짐

2003년 4월의 어느 봄날 새벽 2시, 독서실에서 공부를 마치고 집으로 돌아가는 길. 문제집의 한 챕터라도 다 풀어보자는 계획은 어김없이 실패했다. 그저, 일찍 잠들면 미래를 빼앗길 것만 같은 불안감에 책을 억지로 부여잡으며 하루하루를 뜬 눈으로 밤샐 뿐이었다. 중간고사를 앞두고 있었는데도 정신을 차리지 못한 나 자신이 한심한 나날들이었다.

학생들을 독서실에서 집으로 데려다주는 차는 새벽 2시에 정확히 출발했다. 차에 시동이 걸리는 순간 라디오에서 익숙한 시그널이 흐른다. 주파수는 언제나 MBC FM에 맞추어져 있었고, DJ가 프로그램의 제목이기도 한 "모두가 사랑입니다"를 말하면 집에 돌아간다는 안도감이 몰려온다. 새벽이니만큼 차분하고 조용한 노래들로 가득한 시간. 컴컴한 창밖을 바라보는데 나른하면서도 감미로운 남자의 목소리와 낯선 리듬의 멜로디가 나의 귀를 사로잡았다. 고독한 기타 선율 위로 사랑하는 사람을 멀리서 지켜보며 차분히 감정을 읊조렸던 그 노래. 눈앞에 고요한 바다가 펼쳐질 것만 같은 이국적인 분위기. 노래가 끝나고 DJ가 제목을 알려

주는 순간 가슴이 쿵 내려앉았다. "윤상의 〈어떤 사람 A〉였습니다." 제목마저도 오묘하고 궁금증을 자아냈던, 그 노래.

사랑하는 사람의 인생이라는 연극 안에서 남자는 주인공의 상대방 역할을 맡고 싶었지만 운명이 정해준 배역은, '너의 곁을 지나가는 어떤 사람'일 뿐이라 체념한다. 연극이 끝나면 관객들로부터도, 주인공들로부터도 서서히 잊혀질 사람. 내 인생조차 제대로 주도하지 못해 하루하루를 흘려보내고 있는 나 자신을 보는 것만 같았다. 그 나이의 한국 고등학생들에겐 그저 공부를 열심히 하는 것만이 보람 있는 인생이라고 가르치는 사회 속에서 제대로 적응하지 못해 불안했던 날들. 역설적으로, 이 노래를 들은 후 작은 다짐을 했다. 적어도 내 인생에서는 주변인으로 밀려나지 말자고.

우연찮게 들려온 하나의 노래가 예상치도 못한 새로운 인생으로 이끌어 준다고 말하면 너무 거창할까. 나에게는 이 노래가 그랬다. 주변의 시선을 의식하지 않고 수많은 선택지에서 내 마음에 가장 와닿는 선택을 하면서 방황하다 다시 제자리를 찾는 시간들을 즐기기 시작했다. 돌이켜 보면 모든 선택이 옳았다고 할 수는 없지만 그 당시에는 최선의 판단이었다고 여기며 나 자신을 다독였다. 그리고, 이 노래를 통해 삶에 대한 태도뿐 아니라 브라질의 '보사노바'라는 새로운 스타일의 음악을 접하면서 전 세계의 다양한 음악들에도 눈을 뜨기 시작했다. 세상에는 정말 다채롭고 매력적인 음악들로 가득하고, 이런 음악들을 통해 내가 미처 몰랐던 세계를 하나씩 알아가는 과정들이 소중했다.

이 노래가 나에게 준 선물은 음악에 대한 인식의 확장에 그치지 않았다. 노래의 뮤직비디오에 등장하는 스페인 영화 '그녀에게'. 마침 제2외국어로 스페인어를 공부하고 있던 터라 영화 속 마드리드의 풍경과 비밀을 간직한 듯한 주인공들의 눈빛에 금세 매료되었다. 몇 년 후, 대학생이 되자마자 학교 DVD실에서 가장 먼저 이 영화를 빌려 보았고, 그렇게 독립예술 영화에 대한 나의 사랑이 시작되었다. 하나의 노래가 때로는 먼 길까지 데려다주기도 한다.

 # 3학년 - 찬바람이 불던 겨울, 거리에 주저앉다.
고등학교 졸업을 앞둔 2005년 1월 말. 당시 활동하던 기악반 동아리의 졸업 연주를 위해 매일 나의 발걸음은 연습실로 향했다. 고등학교 시절 유일한 안식처가 되어 주었던 곳. 나는 피아노를 담당했는데, 기악반에서 피아노는 주로 다른 악기들의 주 선율을 묵묵히 받쳐주는 역할을 수행하고, 혼자 있을 때 편안함을 느끼는 나의 성향과도 잘 맞았다. 다른 아이들은 졸업을 앞두고 친구들을 만나느라 바쁜데, 나는 어차피 연락할 친구도 없어서 이렇게 연습으로나마 시간을 보낼 수 있어 오히려 다행이라고 생각했다.

연습실로 향하는 길에도 음악은 내 곁을 떠나지 않았다. 찬 바람이 매섭게 부는 겨울 하늘 아래서, 그날도 길을 걷고 있었다. 그 시절 한창 들었던 음악은 추운 계절이라는 물리적 속성과, 끝이라는 시간적 속성과 잘 어울리는 발라드 노래들이었다. 특히 수능을 마치고 12월에 발표된 가수 이소라의 6집은 겨울에 시린 내 마음을 포근하게 안아주다가도 삶이 지닌 고독이라는 속성을 직시하라고 다그쳤다. 첫 타이틀곡이었던 〈이제 그만〉에 이어 〈바람이 분다〉로 활동을 이어간다는 소식을 듣고, MP3의 트랙을 돌려 〈바람이 분다〉를 재생했다. 2005년 1월 15일, 이 노래를 처음 들은 그날을 나는 아직도 기억한다. 잔잔한 피아노 위로 고요히 속삭이는 목소리. 지하철역을 벗어날 때, '나만 혼자 이렇게 달라져 있다'는 가사가 흐르던 순간 다리에 맥이 풀려 그 자리에 주저앉고 말았다. 그리고 '허무한 내 소원들이 사라져간다'는 대목에서 절정에 이르렀다. 모두에게 지난 3년의 학교생활은 행복하고 그리운 시간으로 남겠지만, 나에게 3년은 그저 지우고 싶은 만큼 힘든 시간, 허무하게 흘러간 시간이었구나. 그땐 이렇게 3년이라는 시간이 허무하게 흘러갈 줄 상상도 하지 못했다. 노래 속 가사처럼, 추억은 다르게 적히고 아픔의 시간도 추억이라면 나에겐 다른 추억으로 쌓이겠구나. 지금도 더 마음이 아플 걸 알면서도 힘들고 울고 싶을 때마다, 이 노래에 자연스레 손이 간다. 이제는 내성이 생겨 그때처럼 주저앉지는 않지만 내 소원이 허무해지지 않게 붙잡고 싶다고 빌어 본다.

Epilogue
우리는 각자에게 주어진 삶을 살며 한 편의 영화를 촬영한다. 꼭 특별하거나 인상적인 장면이 있어야만 영화가 되는 것은 아니다. 소소한 순간에서 웃고 울며, 나와 타인, 그리고 나를 둘러싼 이 모든 것에 대해 여러 가지 감정을 분출한다. 그 과정에서 조금씩 삶이 무엇인지에 대한 답을 찾아 나간다. 살아가며 마주하는 시간들을 감싸주는 노래가 있다면 조금 더 기억에 남고 애틋한 장면들로 가득해질 것이다. 1년에 한 곡씩 나에게 '노래'라는 선물이 운명처럼 다가와 내 시간의 OST가 되어 주었기에, 지난 고등학교 3년의 시간은 이제는 아련한 풍경이 되었다.

공연 덕후입니다

 # 〈별거 아니라고〉

안녕하세요? 오랜 시간을 좋아했는데 편지를 써본 적은 없었네요. '장기하와 얼굴들'을 언제부터 좋아했더라? 기하 오빠가 예능 프로그램에 나와서 스스로 근육을 통제할 수 없어 의지와 상관없이 왼손이 꽉 쥐어지는 '국소이긴장증'을 앓는 바람에 더 이상 무대에서 기타 연주를 하지 않는다고 말하던 걸 봤어요. 드러머로 음악을 시작했고 기타를 연주하며 무대에서 노래를 부르는 가수가 되었는데 더는 무대에서 기타를 연주하지 않기로 다짐했다고 말예요. 더 이상 기타를 연주하며 노래하는 모습을 볼 수 없구나 싶다가도 호기심에 콘서트 티켓을 예매했어요.

무대에서 공연하는 모습도 멋있었지만, 자기소개 시간과 팬의 사연을 소개하는 시간이 인상 깊었어요. 공연 때 매번 기하 오빠가 멤버들을 소개했지만 이제 다 큰 어른들이니까 각자 알아서 자기소개를 해보기로 했다고. 그런데 자기소개 시간이 전체 순서에서 가장 긴 시간을 잡아먹게 되었다고 이야기해서 저는 물론이고 관객들도 웃었어요. 체감상 3분 정도였을 거 같은데 서로 눈치를 보며 좌우만 살피는 숨 막히는 시간이 흐르고 양평 오빠가 "그래도 내가 연장자니까 먼저 말하는 게 좋겠지. 기타 치는 하세가와 요헤이입니다."라고 운을 띄었어요. 다음 순서로 누가 말했는지는 모르겠지만 중엽 오빠가 "20세기 중엽 할 때 정중엽입니다."라고 말했던 건 기억나요. 정말, 이 사람들, 기하 오빠 말고는 말을 제대로 하는 사람이 아무도 없나 싶은 마음에 피식 웃었는데 기하 오빠가 "우리 팀, 말을 정말 못한다."라고 말해서 이심전심이구나 했어요. 마치 라디오에서 사연을 소개하듯이 관객의 사연을 기하 오빠가 읽어주는 시간이 있었어요. '장기하와 얼굴들'이 클럽에서 공연하던 시절부터 팬이었는데, 소위 뜨고 나니 기하 오빠가 더 이상 기타 연주를 하지 않는 모습에 실망했지만 예능 프로그램에 나와서 그러지 못했던 이유를 말하는 것을 듣고 오해를 풀게 되었다고 말예요.

저는 평소에 연극이나 뮤지컬, 탱고 등 공연을 보는 것을 좋아해요. 사실 공연이라는 게 그렇잖아요. 똑같은 사람들이 같은 공연을 하더라도 어제의 무대와 오늘의 무대가 똑같을 수 없으니 한 번 본 공연을 두 번이고 세 번이고 찾게 되는 거 같아요. 그래서 '장기하와 얼굴들'의 공연도 틈이 날 때마다 보러 갔어요.

다른 팀들은 음반을 발매하는 기념으로 콘서트를 하는데 3집 음반을 내년에 꼭 내겠다고 다짐하는 콘서트를 하는 것도 재미있었어요. 그때 멤버들이 단체로 춤을 추며 노래하던 장면을 떠올리면 지금도 웃음이 납니다. '장기하와 얼굴들'와 얼굴들은 팬들을 위해서라면 댄스 가수가 될 수도 있었던 거였어요. 3집 음반을 발매하고 공연장에서 3집 타이틀 곡인 〈사람의 마음〉을 노래하던 중에 '자자 오늘 할 일도 다 했으니까' 부분에서 한 관객이 "같이 자자!"라고 외치는 바람에 무대 위 멤버들도, 관객들도 빵 터졌던 것도 생각나요.

그러고 보니 락 페스티벌도 '장기하와 얼굴들' 덕분에 처음으로 가봤어요. 저 진짜 사람 많고 시끄러운 곳을 안 좋아하거든요. 그런 제가 락 페스티벌 티켓팅을 하게 될 줄 몰랐어요. 그날은 폭우가 쏟아져서 물놀이를 온 건지 락 페스티벌을 온 건지 헷갈렸지만 물장구치며 함께 뛰어놀았는데 그것도 추억이 되었네요.

공연 전에 관객들에게 사전 조사로 좋아하는 곡을 한 곡씩 적게끔 하더니 인기투표 역순으로 20곡을 셋 리스트로 정한 적도 있었잖아요? 기하 오빠가 "아무리 때리고 부숴도 팬들이 좋아하는 노래는 잔잔한 노래였구나."라고 말해서 멤버뿐만 아니라 관객들 모두 웃었어요. 제가 선택했던 곡은 1표 차이로 2위를 차지했는데, 2위는 〈마냥 걷는다〉, 1위는 〈그 때 그 노래〉였었죠. 〈마냥 걷는다〉는 건반을 기하 오빠가 직접 연주했고, 예능 프로그램에서 들었던 사연이 떠오르면서 기하 오빠의 연주를 무대에서 볼 수 있어 감동적이었습니다. 엔딩 크레딧에 관객의 이름을 가나다 순서로 불러주는 것도 신선한 경험이었어요. 관객의 투표로 셋 리스트를 만들었으니 공연을 함께 만든 사람들에 관객도 해당이 된다고 멤버 6명이 관객 한 명 한 명씩 이름을 불러주다니. 최고였어요!

시간이 흘러 5집 음반 작업을 마치고, 곡을 발매하기에 앞서 9주 동안 매주 3회씩 공연을 한다는 소식을 접했어요. 서른 명이 들어가는 작은 공간에서 프라이빗 콘서트 느낌으로 말예요. 오랜만의 단독 공연이라 첫 주는 가봐야지 싶었어요. 평소 공연장에서는 아티스트와 관객이 듣는 소리가 100% 일치할 수 없는데 같은 소리를 듣고 싶은 마음에 공연을 기획했다고 들었어요. 관객도 멤버도 같은 종류의 헤드셋을 착용했는데, 헤드셋을 벗으면 마이크를 거치지 않은 기하 오빠의 목소리와 기타와 베이스의 줄을 튕기는 소리, 전자드럼을 두드리는 탁한 소리만 들렸던 것도 다른 공연장에서는 볼 수 없던 풍경이었습니다. 다만 신곡을 매주 한 곡씩 공연장에서 공개한다고 했을 때 '세상에 아홉 번을 다 오면 이게 돈이 얼마야.' 싶은 생각에 아찔했어요. 공연이 끝나고 전속력으로 달려야 겨우 막차를 타고 집에 갈 수 있는 것도 문제였거든요. 아, 맞다. 공연 끝나고 막차를 타려고 전속력으로 지하철역까지 달리다 멤버들이 퇴근하는 차를 지나쳐서 제가 먼저 큰길에 도착한 적도 있었어요.

그러다 5주 차, 6주 차쯤이었나요? '장기하와 얼굴들'이 데뷔 10년 만에 5집 음반을 발매하고 해체한다는 기사가 떠서 만우절도 아닌데 무슨 장난인가 싶었답니다. 해체 선언을 하던 날에도 공연이 있었고, 그날 공연장 분위기가 얼마나 암울했는지 기억하시죠? 덕분에 이후 공연부터는 티켓팅 오픈과 동시에 매진이 되는 바람에 좌석을 선점하느라 진땀을 뺐어요. 어쩐지, 양평 오빠가 공연 보러 자주 오라고 말한다 싶더라니.

 5집 음반 수록곡 중에 멤버들이 좋아하는 노래가 어떤 곡인지 말하는 시간에 종민 오빠가 4번째 트랙 〈나란히 나란히〉라고 대답해서 다들 "누구야, 누구랑 걷고 싶은 거야?" 놀렸더니 멤버들과 나란히 걷고 싶은 마음에 좋아하는 곡이라고 말해서 팬들을 울렸어요. 그동안 '장기하와 얼굴들'로 활동할 수 있어 행복했다고 말하는 민기 오빠 덕분에 저도 행복했습니다.

 9주 동안 공연을 하는 중간에 관객들로부터 질문 혹은 하고 싶은 말을 할 기회를 주었는데, 저도 두 번 정도 당첨되어서 세트 드럼과 전자 드럼을 연주하는 차이에 대해서 일준이에게 질문해 보기도 했어요. 멤버 소개도 눈치 게임처럼 못하던 때가 있었는데 이제는 알아서 멘트도 하는 '장기하와 얼굴들'이 자랑스럽다고 떨면서 말했던 것도 기억하실지 궁금해요.

 그러다 매주 1회 이상 9주 동안 공연을 관람한 관객들을 대상으로 가족 파티를 하겠다는 공지가 떴어요. 1시간 정도 멤버들과 대화도 하고 게임도 하고, 코 앞에서 만날 수 있었어요. 그때까지만 해도 퇴근길(공연 후에 아티스트가 퇴근하는 걸 기다리는 것)을 해본 적도 없었거든요. 저 말고 다른 팬들은 선물도 준비해서 오고, 편지도 써서 오고 했었는데, 왜 저는 그런 생각을 못 했을까요? 집에 와서 기하 오빠의 손 글씨와 가족 증서를 쳐다보며 한참을 아쉬워했답니다.

그해 겨울, 밴드를 마무리하는 전시회도 몇 번을 다녀오고, 마지막 콘서트를 할 때도 4일 내내 공연장에 갔었어요. 하루만 가야지 했던 마음도 마지막이라는 생각에 4일 내내 찾아갔습니다. 마지막 이틀은 22시까지 출근을 해야 해서 공연을 보다 말고 나올 수밖에 없었어요. 나중에 전해 들었는데 막공(마지막 공연)에서 일준이가 드럼을 연주하다 말고 스틱을 기하 오빠에게 넘겼고, 기하 오빠의 드럼 연주로 공연을 마무리했다고 하더군요. '장기하와 얼굴들'의 마무리 공연에 딱 어울리는 모습이었다고 생각했어요. 그 장면을 직접 봤었다면 더 감동적이었겠지만 녹화한 영상으로만 봐도 그 순간 멤버들과 관객들의 심정이 어떠했을지 상상해 볼 수 있었습니다.

〈별일 없이 산다〉처럼 삶이 별일 없이 무탈하게 지나갔으면 좋겠는데, 먹고 살기 위해 돈 버는 것도 만만치 않고 나 혼자 열심히 한다고 해서 뾰족한 수가 생기는 것도 아니더군요. 지치고 힘들었던 그때 그 시절 들었던 음악들로 위로를 받았어요. 행복을 선물해 주셔서 감사합니다. 이제는 여섯 명이 함께 무대에 있는 모습을 볼 수는 없지만, 각자의 삶을 언제나 응원하고 있어요. 다음에는 제가 공연에 초대할게요. 건강한 모습으로 다시 만나요. '장기하와 얼굴들'과 함께 했던 시간을 떠올리며 편지를 마칩니다.

김동률을 좋아하세요?

요즘 K-POP이 대세다. 유튜브에 Reaction만 검색해 봐도 외국인들의 맛깔나는 K-POP리뷰 영상이 대나무밭처럼 펼쳐진다. 혹시라도 잃어버린 줄 알았던 애국심을 찾고 싶다면 정말 이만한 게 없다. BTS Great! 블랙핑크 So Good!! 을 외쳐대며 절경을 감상하는 듯한 영상 속 외국인의 표정을 본다면 애국심이 실시간으로 차오르는 걸 느낄 수 있을 것이다. 아- 위대한 BTS, 블랙핑크여-!

누구에게나 자신만의 '가수'가 있듯이 나에게도 무려 20년째 팬심으로 덕질 중인 위대한 가수가 있다. 바로 MBC 대학가요제에서 자작곡 〈꿈속에서〉로 대상의 탄 전람회의 '김동률'이다. 고등학교 2학년 때 같은 반 친구의 추천으로 처음 김동률을 알았다. 그의 음악을 한 번만 들어도 무조건 팬이 된다더라. 출구가 없는 음악이라며 어찌나 추천하던지 그날 하굣길의 바로 동성로에 있는 음반매장에 들러 앨범 하나를 바로 구매했다.

김동률 정규 3집 〈귀향(歸鄕)〉

이 앨범은 지금까지도 가장 사랑해 마지않는 명반이다. 20년 전 처음으로 CD플레이어에서 흘러나온 노래를 듣고 침대 위에 몸이 용수철처럼 튕겨 오르던 순간을 아직도 생생하게 기억한다. 그의 노래는 내게 봄으로 왔다. 알록달록 피어나 향긋해진 꽃향기가, 충분히 따사로운 온순한 봄바람이, 녹은 눈 먹고 자란 푸른 들풀 냄새가 멜로디를 타고 가사에 옮겨져 목소리를 타고 흘러 들어왔다. 또 다른 노래는 마치 칠흑같이 어둡고 끈적이는 빗줄기에 마음을 흠뻑 젖게 만들어 오랜 시간 울게 했다. 밤이 새도록 CD를 틀고 또 틀며 오래도록 곱씹게 될 기억의 밤을 보냈다.

당시 가요 프로그램에선 흔히들 말하는 한국형 R&B가 대유행하던 시절이었다. 가사에는 당연한 듯 영어가 들어가고, R&B 특유의 보컬 애드리브가 마디마디를 장식하는 현란한 노래. 거기다 잘생기고 예쁘고 어린 가수들이 나와 춤까지 추는 게 추세요, 대세였다. 말 그대로 현란한 외모에 현란한 가사와 현란한 안무, 노래까지 와- 정말 현란한 시대였다. 하지만 나에게 김동률의 노래는 달.랐.다! 완전히 다른 뭔가가 있다(뭔가 말하고 보니 덕후스럽다. 우리 가수님은 달라요! 아주 특별해요!!). 그의 노래는 지금까지 들어본 적 없는 멜로디였고, 가사는 참 시적이었으며, 반주는 신비로울 만큼 웅장했고 벅차게 감동적이었다. 이렇게나 추상적으로 느껴졌던 특별함은 나중에 대학원에서 음악사 수업을 듣고서야 POP 장르와 다양한 월드뮤직을 결합해 곡을 만들기 때문이라는 걸 알았다. 덤으로 사람을 잘 만나질 못할 만큼 예민한 감성으로 가사를 쓰며, 기악 연주의 완성도를 위해 외국에 있는 대형 스튜디오에서 녹음한다는 사실을 알게 된 건 꽤 시간이 지난 뒤였다.

3집에 수록된 곡 중의 하나를 추천한다면 단연 앨범명과 같은 〈귀향(歸鄕)〉이다.

김동률의 음악은 다양한 장르가 합쳐진 발라드이다. 2집에서 라틴팝의 요소가 결합된 노래와 마찬가지로 3집의 〈귀향〉은 대형 오케스트라와 팝밴드 사운드를 결합한 노래다. 노래의 인트로에서 브라스와 스트링을 메인으로 시작하는 이 노래는 후반부 클라이맥스에서 스트링 연주를 뚫고 나오는 일렉기타 사운드와 드럼 사운드는 정말 황홀한 감정 그 자체를 느낄 수 있다. 몰아치는 감정이 격변하는 걸 느끼기에 이만한 노래가 없다.

앞서 말했듯이 김동률은 여러 장르를 결합하는 뮤지션으로 유명하다. 라틴팝부터 탱고, 집시음악 등 여러 장르의 음악을 팝과 결합해 노래를 만든다. 그렇다면 김동률 하면 떠오르는 대표적인 장르는 무엇일까? 당연히 '발라드'이다. 김동률은 〈기억의 습작〉, 〈감사〉, 〈취중진담〉과 같은 발라드 노래로 인지도를 쌓다가 3집의 타이틀곡 〈다시 사랑한다 말할까〉를 통해 대중에게 널리 알려졌다. 김동률에게 발라드는 가장 대중적인 장르이자 색깔인 셈이다. 그리고 그중 가장 좋아하는 발라드 노래를 고르자면 단연코 이 노래다.

　김동률 정규 5집 〈모놀로그(Monologue)〉

　김동률의 앨범 중 최우수 팝 음반상을 받은 앨범이다. 나는 이 앨범에 수록된 곡 중에 발라드 〈오래된 노래〉를 추천한다. 이 노래는 이젠 가수가 된 남자(또는 여자)가 예전 사랑했던 사람을 그리워하는 곡으로 자신의 무명 시절에 애인에게 선물한 자작곡 테이프를 발견하고 문득 그 시절에 연인을 그리워하는 내용이 가슴 아픈 멜로디에 담겼다.

　대학 시절 대구의 공연팀에서 보컬로 활동할 때 동성로의 (구)대구백화점 앞 중앙 야외무대에서 처음으로 부른 노래다. 김동률의 포근한 바리톤 음성과 반주에서 주축이 되는 어쿠스틱 사운드에 홀딱 반해서 그 뒤로도 자주 공연 곡으로 불렀고, 지금까지 가장 많이 부른 노래가 바로 이 곡이다. 특이나 노래의 후렴구 가사에 '오래된 테이프 속에 그때의 내가 너무 부러워서, 그리워서'란 구절은 사랑하던 그 시절의 연인이 아니라 나를 포함한 그 시절 자체를 그리워하는 가수의 마음이 잘 전해진다. 여러분이 순수하게 사랑했던 순간이 그리워질 때 김동률의 〈오래된 노래〉를 들어보길 바란다.

앞서 말한 것처럼 내가 사랑하는 김동률의 음악은 지나간 후에야 알게 된 그 시절의 아름다움을 노래한 곡이다. 우리 모두 힘들었던 시절을 겪을 때면 빨리 이 고통과 고난이 지나가기만을 바랐던 때가 있을 거다. 나도 마찬가지다.

2018년 9월 11일 김동률 디지털 싱글앨범 〈노래〉

2018년에 발매한 싱글앨범의 수록곡인 〈노래〉는 생을 사는데 무던해진 내가 치열했던 예전의 나를 그리워하는 노래다. 무척 날카롭고 모났지만 원만하지 않기에 온전히 나의 인생을 살기 위해 노력하던 어린 날의 나를 그리워하는 고백이다. 퇴근길 운전석에서 처음 들었을 때, 갑작스레 눈물을 흘렸다. 예전처럼 차비가 없어 걸어 다니는 것도 아니고, 직업이 없는 것도 아닌데 지금보다 훨씬 모자라다 생각했던 시절의 내가 더 치열하게 살았다는 생각이 들어서였다.

가끔 어머니는 '오십이 넘어가면 삶이 좀 편해지지.'라고 말한다. 하지만 삶이 편해진 만큼 나는 점점 옅어진다는 걸 알고서, 세월에 다듬어진 모남이 다시 뾰족해지지 않는다는 게 왠지 안타까워서 눈물이 났다. 김동률의 〈노래〉는 나이가 들어 내 자신이 너무 둥글둥글진 내가 날카롭고 호기롭던 그때의 나를 그리워한다는 걸 알려주었다.

이처럼 김동률은 사랑과 이별 외에도 사회 속에서 희미해져 가는 '나'를 조명하며 노래를 만든다. 누군가는 돈을 벌기 위해, 무리에서 떨어져 나가지 않기 위해 겪는 어쩔 수 없는 변화 속에 '나'가 느끼는 결핍과 소망이 무엇인지를 찾아 노래에 담는다. 그 대표적인 노래가 바로 얼마 전에 발매한 노래 〈황금가면〉이다.

2023년 5월 11일 김동률 디지털 싱글앨범 〈황금가면〉

4년 만에 김동률은 〈황금가면〉이란 노래를 발매했다. 앨범이 발매되기 전부터 김동률의 공식 계정과 소속사 뮤직팜의 온라인 계정 전체를 팔로우하고 있던 나는 미리 앨범 발매 소식을 알고 있었다. 그런데 노래 제목이 의아했다. 〈황금가면〉이라니. 워낙 내가 사랑하는 뮤지션의 예술성은 그게 무엇이든 예상을 벗어날 것이고 기대를 충족하다 못해 넘칠 테지만 이번에는 곡 제목만으로 당최 어떤 장르의 곡인지 감도 잡히지 않았다. 그리고 대망의 5월 11일 직접 〈황금가면〉을 들었다.

역시 노래는 예상을 완전히 빗나갔다. 노래를 듣자마자 떠올린 이미지는 후레쉬맨과 파워레인저였다. 인트로의 드럼의 킥사운드와 베이스의 연주가 마치 어린 시절 익히 들어봤던 특촬물(특수촬영물)의 배경음악 같았고, 반도네온 연주자 고상지의 〈출격〉이란 노래와 흡사한 느낌이 들었다. 사회가 정해놓은 길과 역할이 마음에 들지 않아서 반기를 드는 주인공의 개척기, 영웅 탄생기 같은 가사가 인상 깊었다. 무엇보다 놀란 건 음악계에서 이미 높은 위치에 선 뮤지션이 자신의 위신을 위한 음악이 아니라 사회적인 시선으로 자기가 옳다고 생각하는 이야기를 담아 유쾌하게 풀어냈다는 사실이다. 이래서 김동률을 벗어날 수가 없다. 누군가 〈황금가면〉의 한 줄 감상평을 요청한다면 이 말밖에 할 말이 없다.

"동시대에 살아주셔서 감사합니다."

"최애 가수의 어떤 가요 ♪"

참솜(참깨와 솜사탕)은 내가 처음으로 덕질(?)한 인디밴드야. 너무 좋아해서 반려묘 이름을 밴드명에서 딴 참깨로 지었고, 나중에 하얀 아이를 데려오면 '솜사탕'이라고 지어야지! 하고 상상하기도 했어. 참솜은 나와 나이대가 같아서 비슷한 감정을 공유해. 치사량 수준의 달달함부터 마음을 끌어내리는 우울까지 청춘을 관통하는 멜랑꼴리함을 잘 표현하는데, 특히 추천곡은 〈잊어야 한다는 게〉, 〈Rosen〉, 〈Elio〉

@진수빈

최애 가수는 자신이 가장 좋아하는 가수를 말한 거지? 난 이렇게 꼭 누구 한 명을 선택하라고 하면 정말 힘이 들더라. 그렇지만, 그 많은 가수 중에 '최재훈'을 선택했어. 내 나이 또래 사람들은 다 알 거야. 아무도 따라갈 수 없는 고음의 최강자 최재훈. 대표곡이라면, 〈널 보낸 후에〉, 〈비의 랩소디〉, 〈편지〉. 최재훈에 꽂힌 건, 절대 고음이겠지만, 절대 고음 속에 울려 퍼지는 목소리가 내 마음속엔 너무 아픔처럼 울려 퍼졌거든.

@표병수

노래를 들을 때 가수의 곡보다 '노래의 가사'에 꽂히는 편인데, 그래도 유독 좋아하는 가수는 생기잖아. 중고등학교 때는 '김원준'이 최애였고, 성인이 되어서는 단연 '플라워'였어. 특히 '고유진' 1, 2집은 최애 중의 최애. 암튼 고유진의 〈이게 사랑인가요〉, 〈What About Love〉, 〈단 한 사람〉, 플라워의 〈독백〉 아직도 너무 좋아!

@김지선

내 플레이리스트 비긴즈

 # 나조차 어지러운 플레이리스트

내 플레이리스트는 혼란 그 자체다. 취향이 확고한 듯 확고하지 않다. 찾아 듣기도 하지만 들리는 걸 듣는 편이기도 하다. 다른 사람과 노래 이야기를 나누면 나조차 내 노래 취향을 종잡기 어렵다. 굳이 비유하자면 소개팅 나가서 좋아하는 노래 이야기를 하기에는 마니아 쪽에 가까운데, 노래 커뮤니티에 끼기에는 상당히 가볍게 즐기는 취향이다. 그래서 사람들을 처음 만났을 때 먼저 나서서 노래 이야기를 꺼내지 않는다. 대화하면서 노래에 대해 어느 정도를 이야기해야 할지 나도, 상대도 수위를 잡기가 쉽지 않기 때문이다. 지금도 플레이리스트를 열어보면 4세대 아이돌 노래부터 장범준, 브로콜리너마저, 페퍼톤스, 015B, 안예은, 서도밴드, 싸이, 박정현 등 혼종이다. 어쩌다 다양한 장르에 다양한 가수가 한 바구니에 담기게 되었을까? 이것도 저마다의 사연이 있다.

박정현 〈몽중인〉

박정현의 노래를 정말로 좋아한다. 한때 이상형으로 박정현 같이 노래를 잘하는 사람을 뽑기도 했다. 매 앨범이 나올 때마다 그녀의 노래를 꼭 듣는다. 그녀에게 제일 처음 빠지게 된 노래는 2집 수록곡 〈몽중인〉이다. 흔히 광곡이라 불리는, 전주부터 기존에 들었던 노래와 다른 느낌에 푹 빠졌다. 버림받은 사람의 심정을 절절하게 표현한 이 노래는 박정현의 노래를 잘 안 듣는 사람에게도 그 감정선이 직설적으로 날아와 꽂힌다. 가끔은 너무 어마어마한 감정이 몰아쳐서 듣기 불편할 정도다. 나는 이 노래로 박정현의 세계에 입문했다. 그럼 〈몽중인〉은 어떻게 접하게 되었냐면.

대한민국이 붉은 물결로 뒤덮였던 2002년, 나는 첫사랑을 만났다. 남고로 진학한 나는 여고와 교류가 많은 독서 토론 동아리에 들어갔다. 동아리 지도 선생님은 공부하는 동아리로 운영하려 했지만, 나의 마음은 콩밭에 있었다. 고2가 된 그해 3월, 신입생 맞이를 친했던 여고 동아리와 같이 진행했다. 한창 이성에 관심이 많을 나이에 여고와 같이 행사를 진행한다는 것 자체가 재미있는 일이었다. 두근거리는 마음을 안고 한 공원에서 우리는 만났다. 그때는 부끄러운 줄도 모르고 30명 가까이 되는 인원이 서로 마주 보고 서서 큰소리로 자기소개를 해댔다. 그중에 첫사랑 씨가 눈에 들어왔다. 하얀 피부에 긴장한 듯 앙 다문 입술, 작은 목소리로 최대한 큰소리를 내기 위해 노력하던 그 모습이 꽤 귀여워 보였다. 행사를 진행하고, 친한 아이들과 인사 나누느라 몸은 바빴지만 마음은 첫사랑 씨 앞에 우두커니 서버렸다.

간단히 밥을 먹으며 아이스 브레이킹을 한 우리는 곧장 노래방으로 향했다. 노래방에서 다들 다시 인사를 나누며 한 명씩 노래를 불렀는데, 그때 첫사랑 씨가 부른 노래가 바로 박정현의 〈몽중인〉이었다.

뚜뚜뚜두 뚜뚜 뚜뚜뚜두 뚜두

전주가 시작되었다. 그전까지 박정현이라는 가수를 몰랐다. 내가 모르는 노래를 부르기 위해 서 있는 모습이 신비롭게 느껴졌다. 〈몽중인〉이 흘러나오면서 나는 온 정신을 첫사랑 씨의 목소리에 빼앗겼다. 내 신경은 온통 그 목소리였다. 자기와 어떤 말이든 하라는 외침. 그대 손을 잡을 수 있게 해달라는 절규가 내 귓가를 맴돌았다. 그때 내 마음이 딱 그 가사였다. 노래도 완벽했다. 나중에 찾아 들은 원곡과 정말 비슷했다. 어쩜 그렇게 부를 수 있단 말인가. 그때부터 내 이상형은 박정현처럼 노래를 잘 부르는 사람이었다. 부럽기도 했고, 마음이 아프기도 했다. 한용운이 〈님의 침묵〉에서 이야기했듯이 만나기도 전에 미리 떠날 것을 염려하고 있었다. 아니, 〈몽중인〉 가사처럼 내 사랑은 이루어지기도 어렵겠다는 생각을 했다. 노래방에서 나오면서 나는 첫사랑 씨와 잘 될 수 없을 것이라는 확신이 들었다.

그래도 두근거렸던 이 마음을 고작 한순간의 불안한 마음으로 접을 수 없었다. 그렇게 약 1년간의 열병이 시작되었다. 열병 동안 수많은 노래가 내 노래가 되었다. 보아의 〈No.1〉, 박효신 〈좋은 사람〉, K2 〈시간을 거슬러〉 등등. 첫사랑 씨와 같이 봤던 영화는 내 인생 영화가 되었다. 그날 첫사랑 씨의 모습은 얼핏 기억이 나지만, 그날 봤던 영화관의 모습, 날씨, 습기, 내 마음의 변화는 생생히 기억에 남았다. 그리고 〈몽중인〉. 박정현의 노래는 나를 그 시절로 보내주었다. 내 플레이리스트에서 박정현은 빠질 수 없는 존재다.

윤종신 〈너에게 간다〉

한 번씩 지나간 노래가 가슴에 확 꽂힐 때가 있다. 그 노래가 하필, 그 상황에 내 귀에 들려서 내 머리를 떠나지 않게 되는 그런 일. 그러면 내 플레이리스트에는 그 가수의 노래만 가득 차게 된다. 20대 마지막을 보내던 시절, 윤종신은 나에게 그렇게 왔다. 윤종신이라는 사람을 〈너에게 간다〉를 듣기 전에 아예 몰랐던 건 아니다. 박정현의 노래를 만들었고, 유희열을 음악 노예로 부렸으며, 소심하고 여린 남성이 사랑 앞에서 수줍어하고, 겁먹고, 주저하는 그 심정을 잘 표현한 사람이라고 알고 있었다. 그리고 '무한도전'에 나와 〈영계백숙〉을 만들고, '라디오 스타' 진행을 하고, '논스톱' 같은 시트콤에 나오는, 조금은 음악과 거리가 멀어진 사람으로 기억하고 있었다. 그랬던 윤종신의 노래로 내 플레이리스트를 가득 채우던 날이 왔다. 그것도 내 생애 이 장면이 뇌리에 박힐 줄은 상상도 못 한 장소와 장면에서, 심지어 이 노래와 어울리는 듯 어울리지 않는 시와 함께.

20대의 끝을 향해 가던 시절, 나는 내 이상형에 가장 가까운 사람과 만나고 있었다. 그때는 무슨 용기였는지 모르겠는데, 평소에 낯선 사람과 말도 잘 안 섞던 내가, 어떻게 연락처를 알아내서 저녁에 잠깐 만나자는 연락을 먼저 했다. "커피 한잔할래요?" 당연히 거절할 줄 알았는데, 그녀가 그렇게 하자고 한다. 나는 당황했다. 내가 예상한, 그리고 경험한 시나리오에는 긍정의 대답이 없었기 때문이다. 보통 거절하면 "다음에 시간 내서 봐요." 정도로 연락이 마무리되는데, 그러자고? 속으로 쾌재를 부르면서 동시에 불안했다. 내 머리는 이미 만나서 너무 행복한 나와 그 행복을 잃을까 전전긍긍하는 나로 꽉 찼다. 첫 만남이 어떻게 시작하고 끝이 났는지 기억나지는 않지만, 장소만은 확실히 기억한다. 큰길가에 있는 카페 2층이었다. 창가 자리에 앉아서 이야기를 나눴다. 나는 대화가 잘 통하고 위트 있는 사람이라는 걸 보여주고 싶었다. 그래서 뭐라고 말도 안 되는 이상한 이야기를 막 하기 시작했는데, 의외로 먹혔다. 꽤 즐거운 대화가 되었다. 자세히 적고 싶지만, 오래된 이야기인지라 잘 기억이 안 난다. 그저 나는 꽤 즐거웠고, 그녀가 많이 웃었다는 것만 기억에 남는다.

그녀와는 그녀 집 주변 카페에서 소소하게 이야기 나눈 게 가장 기억에 많이 남는다. 좋아하는 사람과 대화를 나누면서 그날 힘들었던 것을 씻어내는 느낌이 좋았다. 그날도 퇴근 후 잠시 얼굴을 보기 위해 그녀 집 근처 카페에서 그녀가 나오길 기다리고 있었다. 그 매장은 입구가 열리면 "딸랑" 소리가 났는데 거기 앉아 누군가를 기다리던 사람들은 미어캣처럼 "딸랑" 소리에 입구를 바라보게 되었다. 물론 나도 그 미어캣 중 한 마리였고. 때마침 윤종신의 〈너에게 간다〉가 흘러나왔다. 노래 가사 내용은 제목 그대로 '나'가 '그대'에게 숨이 찰 정도로 뛰어가는 내용이다. 그것도 헤어진 이후 그리워하던 그대를 다시 만나는 이야기다. 절묘하게 가사는 만나기 직전 문을 여는 장면에서 끝난다.

    이 노래를 들으며 기다리는 동안 내 머리에는 황지우의 '너를 기다리는 동안'이 떠올랐다. 문을 열고 들어오는 모든 사람이 너였다는 시구가 가장 먼저 떠올랐다. 〈너에게 간다〉는 말 그대로 만나러 가는 이야기의 노래인데, 왜 '너를 기다리는 동안'이 떠올랐을까? 그건 아마 오지 않는 사랑하는 이를 기다리다가 마침내 너에게 간다는 시적 화자의 모습이 나오기 때문일 것이다. 아주 먼 데서 나는 너에게 가고, 나는 너에게 오고 있다는 '너를 기다리는 동안' 화자의 마음이 꼭 내 마음 같았고, 〈너에게 간다〉 내용 같았다. 가슴에 쿵쿵거리는 모든 발자국 따라 너에게 가고 있는 나. 다시 없을 것 같았던 사랑이라는 길을 뛰어 너에게 온 나. 정말 카페에 앉아 있는 내 마음을 정확하게 표현해 주는 시구이고 노래 가사였다. 이때 느꼈던 충만하면서도 벅차오르며, 두근거리면서도 초조하지만 기분 좋은, 이름 붙이기도 힘든 이 설레는 감정을 느끼면서 나는 내가 살아있다는 느낌을 받았다.

    이때부터 윤종신 노래 중 좀 유명하다는 노래는 닥치는 대로 들었다. 내 플레이리스트는 윤종신으로만 가득했다. 〈오르막길〉, 〈오래전 그날〉, 〈너의 결혼식〉, 〈이별을 앞두고〉 등. 카페에서 기다리던 그녀와 헤어지고 많이 들었던 노래도 윤종신 노래였다. 〈1월부터 6월까지〉, 〈내일 할 일〉, 〈야경〉, 〈동네 한 바퀴〉 등. 그중 〈너에게 간다〉는 나를 그 설렘 가득한, 기다림으로 물들었던 카페로 데려갔다. 지금은 그때의 내가 좋은지 그때의 그녀가 생각나는지 판단하기 어려울 정도로 시간이 흘렀지만 확실한 것은 윤종신 노래는 내 플레이리스트에 빠지지 않고 꼭 한 곡씩은 들어와 있다는 것이다. 아니, 내가 빼지 않고 있는 것일지도 모른다.

 # 잔나비로 깨달은 내 플레이리스트 규칙

요즘 잔나비가 내 플레이리스트에 자주 출연한다. 사실대로 말하자면 잔나비 노래는 내 취향이 아니다. 너무 오르내림이 없이 잔잔하다고 할까? 내가 듣는 노래를 대부분 기승전결이 확실해서 취향을 별로 타지 않는 노래다. 그에 비해 잔나비는 몇몇 곡을 제외하고는 살짝 나른하다는 느낌을 받는다. 이런 잔나비 노래를 듣게 된 이유는 내가 애정하는 모임 때문이다. 2019년 봄, 모임에서 춘천에 간 적이 있는데 그곳에서 2박 3일간 잔나비 노래를 원 없이 들었다. 사실 처음 들을 때는 이게 왜 좋은지 잘 몰랐다. 내 취향도 아니었다. 그런데 2박 3일 모임이 끝나고 오는 길에 생각을 고쳐먹었다. 내가 좋아하는 사람들이 듣는 노래라면 무언가 좋은 게 있지 않을까? 집에 도착하자마자 나는 부리나케 잔나비 노래를 다운받아서 재생했다. 그러면서 내가 좋아하는 몇 곡이 플레이리스트에 들어왔다.

내 플레이리스트는 내가 만난 사람들에 대한 흔적이다. 내가 좋아하는 사람이 좋아하는 노래, 내가 좋아하는 사람이 불렀던 노래, 내가 사랑하는 사람과 추억이 담긴 노래. 이외에도 내가 즐겨 듣는 노래는 다 사람들과의 추억이 한 자락씩 있는 노래였다. 내 플레이리스트가 혼란한 이유는 많은 사람들과 스쳐 지나간 인연을 담아서일지도 모르겠다. 사람의 인생과 인연은 직선일 수 없다. 구불구불하고, 때로는 돌아오기도 하며, 꼬여있기도 하다. 내 플레이리스트가 바로 그런 것 같다. 오늘도 나는 이어폰을 끼고 나의 인연들을 만나러 간다. 누군가 나에게 과거회귀자라고 한 적이 있다. 이제 보니 찰떡같은 말이었다. 내 플레이리스트는 과거회귀자인 나의 시작점이라고 할 수 있겠다.

겉도는 삶

어릴 땐 평범함에 지나치게 집착했다. 남들보다 뒤처지는 건 물론 싫었지만, 특별하게 눈에 띄는 것도 싫었다. 그저 있는 듯 없는 듯, 사람들 틈에 묻히고 싶었다. 이상하게 다른 사람들과 어울리는 게 힘들었다. 깊은 관계를 맺지 못하고 자꾸만 겉돌았다. 곁을 내어준 사람이 없었던 건 아니었다. 꾸준하게 사람들 곁에 머물렀지만 완벽하게 안착할 수 없었다. 보이지 않는 벽이 늘 존재했다. 그럴 때마다 스스로를 탓했다. 남들과 쉽게 어울리지 못할수록, 내 안의 다른 점들이 눈에 띄었다. 내성적이고 조용한 성격에, 보통의 남자아이들이 좋아하는 것들에 크게 흥미를 느끼지 못하고, 운동이나 PC방으로 우르르 몰려다니는 아이들 틈에서 홀로 빠져나와 집으로 돌아오곤 하던 소년. 체육 시간에 매번 아프다는 핑계로 벤치에 앉아, 멍하니 하늘이나 운동장을 쳐다보던 시절. 그런 시간은 늘 안절부절못했다. 내가 없는 그들의 시간이 불안했다. 친구들만 아는 이야기, 함께 겪은 추억이 늘어날 때마다, 그들 속에서 내가 있어야 할 자리가 희미해졌다.

취향이라고 할 것도 없이 남들이 좋다는 음악을 듣고 영화나 드라마를 챙겨 봤다. 무얼 좋아하는지도 모른 채, 남들이 하는 건 무엇이든 따라가려 했다. 음악방송에서 1위를 차지한 아이돌 그룹의 음악을 듣고, 시청률 3~40%가 넘는 드라마들을 모조리 챙겨보고, 흥행하는 영화를 보러 다녔다. 다음 날 대화에 끼어들기 위해 노력해야 했다. 남들은 쉽게 하는 일들을, 나는 왜 노력'까지' 해야 하는 건지 이해할 수 없었지만, 이해보다는 그렇게 해야 할 것만 같았다.

그리고 봄에서 여름으로 넘어가던 그해, 나의 평범함은 한 사람 때문에 생각지 못하게 바뀌었다. 그 사람을 만난 것은 한 커뮤니티에서였다. 우리는 우연히 대화를 시작해, 한동안 메시지를 이어갔다. 긴 대화의 끝에 그 사람의 얼굴을 실제로 본 것은 딱 한 번이었다. 그 뒤로도 몇 번의 대화가 더 오갔지만, 특별한 계기라고 할 것도 없이 각자 사는 일로 바빠졌고 어느새 그 사람은 훌쩍 떠나가 버렸다. 그 사람은 더는 날 기억조차 못하겠지만, 신기하게도 그때의 대화는 어제 일처럼 생생하다.

타인에게 속내를 잘 털어놓지 못할 때였다. 내가 남들에게 솔직하게 풀어놓을 수 있는 이야기는 고작, 누가 누구를 좋아한다더라 또는 누가 말을 참 밉게 했다, 와 같은 것들이었다. 솔직함에도 정도가 존재했다. 사람들 사이에서 자칫 이야기를 잘못 꺼냈다가, 어렵게 쌓아 올린 관계가 흐트러지지 않을까 노심초사했다. 더 이상 솔직해질 수 없는 깊숙한 감정이 여전히 남았다. 그러나 그 사람과는 관계에 대한 부담이 상대적으로 적어서일까. 낯선 이에게 속내를 털어놓는 일이 생각보다 어렵지 않았다. 내 이야기가 새어 나갈까, 나를 어떻게 판단할까 와 같은 걱정이 불필요했다. 덕분에 좀처럼 남들에게 하지 못했던 이야기를 그 사람에게 했다. 서로를 잘 알지 못하는 낯선 이와의 대화는 퍽 즐거웠다. 좋아하는 음식, 영화, 음악, 취미 등등 시시콜콜한 이야기는 물론 남들에게 하지 못했던 속 깊은 이야기도 나눌 수 있었다.

우리는 겉도는 삶을 살고 있었다. 세상과 좀처럼 어울리지 못했고, 사람들 곁을 벗어날 순 없었으나 완전히 스며들지도 못했다. 자기만의 섬에 갇힌 것처럼 고립된 삶. 나는 나만의 섬이 불안했다. 이렇게 겉돌기만 하다가 그 누구의 틈에도 끼어들지 못할 것 같았다. 그리고 그 끝에, 완벽하게 혼자 남겨질 것만 같았다. 그 사람도 언뜻 보기엔 하나의 외로운 섬 같아 보였지만, 그 사람은 나와 달랐다.

그 사람은 페퍼톤스의 음악을 즐겨 듣는다고 했다. 그때만 해도 페퍼톤스를 알지 못했다. 누구나 이름만 들어도 알 만한 가수들의 노래만 들었던 나로선 생소한 이름이었다. 동시에 그 사람이 이질적으로 느껴졌다. 그 사람은 본인의 취향을 확고하고 명확하게 이야기할 수 있었다. 이러

이러한 가수를 좋아한다고 하면 상대방이 어떻게 생각할까 걱정하며 적당히 상대방이 좋아할 만한 가수를 이야기하는 나와는 무척 달랐다. 나는 그 사람과의 대화를 따라잡고 싶어, 페퍼톤스의 음악을 추천해달라고 했다.

페퍼톤스의 정규 4집 앨범 타이틀 곡인 〈행운을 빌어요〉를 들었을 때, 나는 충격에 휩싸였다. 도입부의 드럼 두드리는 소리에 귀가 열렸고, 경쾌하고 청량한 멜로디에 저절로 가슴이 뛰었다. 한창 소몰이, 파워보컬 등이 유행하던 시절, 맥없이 힘차던 보컬의 목소리도 좋았다. 이전에도 자우림이나 YB, 체리필터 같은 밴드음악을 종종 듣고 좋아하긴 했지만, 페퍼톤스처럼 빠져서 듣기는 처음이었다. 처음엔 그저 신나고 힘차서 자꾸만 듣고 싶었고, 자꾸 듣다 보니 가사에 마음이 끌렸다. 마냥 행복하지 않은 이별의 아쉬움을 노래한 가사도 마음에 들었다. 듣다 보니 점점 더 좋아졌고 한동안 그 곡에 빠져 살았다.

그 사람은 별종 같았다. 낯선 가수의 노래를 들을 뿐 아니라, 이름도 생소한 극장에 듣도 보도 못한 건축가의 이야기를 다룬 영화를 보러 간다던 사람. 그 사람은 확신에 차 있었다. 남들이 좋아하는 걸 좋아하는 게 아니라, 본인이 좋아하는 게 뭔지 확실히 알고 말할 수 있었다. 어떤 것을 사랑하고, 어떨 때 기분이 나쁜지. 어떻게 살아왔고, 또 살아갈 것인지. 지켜내고자 하는 가치관이 뚜렷했다. 그리고 그걸 위해 싸울 준비가 되어 있는 사람이었다. 그 사람이 가진 혼자의 시간은 나의 그것과는 달랐다. 남들과 어울리려 애쓰지 않고 혼자이길 자처했으며, 혼자의 시간도 충분히 단단한 사람. 그러다 비슷한 사람들을 만나면 곁을 내어줄 줄 아는 사람이었다. 겉돌면 겉도는 대로, 마음이 맞으면 맞는 대로.

그 사람을 알게 된 이후로 난 많이 달라졌다. 인기 순위에 있는 노래 대신, 하루 종일 남들이 알지도 못할 밴드의 음악을 들어 댔다. 페퍼톤스를 비롯해 몽니, 디어클라우드, 소란과 같이 밴드신에선 꽤 인기 있던 가수의 곡은 물론 달콤한 소금, 참깨와 솜사탕, 차가운 체리 등등 점점 더 마이너한 음악 세계를 탐구했다. 대중적인 댄스나 아이돌 음악, 발라드 음악이 아니라, 많은 사람이 알지 못해도 자신의 자리에서 작게 목소리를 내는 것들, 이를테면 주류 문화보다는 비주류 문화에 마음이 간다는 걸 그때 깨달았다. 그곳에는 기존에 즐겨 듣던 음악과는 또 다른 신선함이 있었다. 정제되지 않은 날 것의 열정이나 태어나 전혀 들어보지 못한 새로운 소리가 있었다. 천편일률적인 목소리와 가사에서 벗어나, 전하고자 하는 선명한 이야기를 지닌 점도 좋았다. 마치 나를 보는 것 같달까. 세상의 중심이 아닌 바깥에 서 있었고 작고 희미했다. 그러나 나와 다른 것은 또렷하다는 점이었다. 대중적인 시선이나 사랑에 목매지 않았다. 그저 주어진 자리에서 반짝일 뿐이었다. 그래서 더욱더 마음이 움직였다.

비주류에 눈을 뜨기 시작하며 점차 스스로에 대해 파고들었다. 나는 무엇을 좋아했던가. 언제 가슴이 뛰었고, 어떤 것에 눈길을 보내고 마음을 내어주곤 했던가. 남들의 취향이 아닌 나만의 취향을 그제야 찾기 시작했다. 누구나 좋아하고 인기가 있어서가 아니라, 진심으로 마음이 움직이는 가수의 노래를 즐겨 들었다. 혼자서 공연이나 록 페스티벌을 찾아다녔고, 좋아하는 가수의 단독공연을 즐기기 위해 부산에서 서울까지 혼자 다니기도 했다. 음악에 대한 관심은 자연스레 영화로도 이어졌고, 마찬가지로 대중적으로 흥행하는 작품이 아닌 작은 작품들을 찾아다녔다. 독립영화관을 다니고 작은 영화들을 감상하고, 부산국제영화제나 전주국제영화제처럼 대형 영화제뿐 아니라 무주산골영화제같이 잘 알려지지 않았던 각종 영화제에 다니기도 했다. 마음이 맞아 함께 다닐 사람이 있으면 있는 대로, 혼자만의 시간이 필요할 땐 혼자였다.

내가 자꾸만 사람들 틈에 끼어들지 못하는 건 당연한 결과였다. 애초에 그들과 취향이 다른데, 그저 쫓아가기에 급급해 마음이 움직이지 않는 것들을 억지로 좋아하고 있었는데 벽이 생기는 건 당연했다. 마음을 다하지 않았는데, 마음이 통할 리가 없었다. 혼자의 시간이 두려워지지 않자, 나도 그때의 그 사람처럼 확신할 수 있게 되었다. 색이 모두 뒤섞인 물감처럼 사람들의 취향을 뒤집어쓰고 검게 변해버린 색 안에서 허우적거리다가, 내가 가지고 있는 뚜렷한 색깔을 찾을 수 있었다.

좋아하는 음악이 무엇인지, 나만의 취향을 발견하면서 삶의 방향성이 결정되었다고 생각한다. 더는 누군가의 옆

자리에 서기 위해 노력하지 않는다. 아주 가까이 끼어들지 못해도, 적당한 거리에서 사람들과 관계를 유지하는 법을 이제는 잘 알고 있다. 고독한 섬에 고립된 내가 아니라, 나만의 풍요로운 섬을 가꾸어 나가는 삶. 겉도는 삶은 억지로 어울리려 애쓰지 않는 삶, 오히려 자유로운 삶이라는 사실을. 내가 딛고 선 자리가 단단해지기까지, 누군가의 옆이 아닌 오직 내 자리를 찾기까지 얼마나 오랜 시간이 걸렸던가. 나를 찾아가는 과정이 결국 자신을 돌보는 일임을, 그 사람 덕분에 알 수 있었다. 딛고 선 자리가 가끔 흔들릴 때도 있다. 거센 바람에 쓰러질 것 같을 때도, 질퍽한 절망에 발이 움푹 패기도 한다. 하지만 내 안에는 슬픔을 버텨낼 힘이 있다. 나에 대한 분명한 확신이 있기에, 스스로를 잘 알고 있는 내가 있어서, 더는 쓰러지지 않는다. 넘어져도, 일어서는 방법을 알고 있다.

기숙사 창가에서 들은 노래

 # 기숙사 창가에서

　대학교 생활에서 가장 기억에 남는 장면은 밤에 기숙사 창으로 보는 바깥 풍경이다. 계절, 날씨와 상관없이 칠흑 같은 어둠 저 너머에 자동차 헤드라이트와 가로등만 있는 풍경. 결국 인생은 혼자라는 생각이 들었다. 공부도 혼자 해야 하고, 연애하고 싶은데 아무도 날 좋아해 주지 않을 것 같고, 장학금도 받아보고 싶은데 내 머리와 몸뚱이는 게을러서 말도 안 듣고. 하고 싶은 일이 엄청 많았는데 혼자서 다 할 수 없을 것 같았다. 앞으로 취업도 하고, 가정을 꾸리고 살아야 하는데 그렇게 열심히 할 자신이 없었다. 결국 아등바등 살다가 세상에서 가장 고통스러운 병에 걸려서 중환자실에서 몇 달 동안 약에 매달려 생명을 유지하다가 세상을 떠날 것 같았다. 현생을 살면서 사람들에게 상처도 주고, 고기도 많이 먹었고, 거짓말도 많이 했기 때문에 지옥에 가지 않을까 끝없는 우울한 상상을 했다. 우울한 생각이 들수록 삶의 의욕은 떨어졌다. 그럴 때마다 왼편 창가에 비친 풍경을 반찬 삼아 컵라면 하나 먹으며 노래를 들었다. 노래를 듣다 보면 생각을 멈추고 차분하게 생각의 방향을 전환할 수 있었기 때문이다.

〈어느 60대 노부부 이야기〉

우울하거나 부정적인 생각이 머리에 가득할 때 김광석의 노래를 들었다. 아마 그의 구슬픈 목소리가 마음을 차분하게 만들어 주었기 때문일 것이다. 특히 〈어느 60대 노부부 이야기〉는 명상하듯이 차분하게 우울한 마음을 정리할 수 있게 만들어줬다. 이 노래는 싸이월드 배경 음악이나 UCC에 깔린 노래가 아니라 MP3 파일로 들었다. 그만큼 노래에만 집중했다.

특히 이 노래를 많이 들었을 때는 대학교 3학년 때 학생 논문 발표 대회에 나가기 위해 준비하던 시기였다. 논문을 쓰려면 그만큼 공부해야 한다는 사실도 몰랐었다. 한 번 나가보겠다고 호기를 부렸다가 객기로 금방 들통이 났고, 나는 내가 용기를 낸 것이 아니라 그냥 깜냥이 안 되는 사람이 오기를 부렸다는 것을 깨달았다. 매일 밤 교수님께서 알려주신 논문을 읽고, 책을 찾아 읽으면서 요약문을 만들었다. 물론 밤새며 열심히 한다고 해서 결과가 좋은 것은 아니었다. 날이 밝고 정리한 자료를 같이 논문 준비하는 사람들과 읽으면 그 거지 같은 내용이 적힌 종이에게 미안했다. 그리고 이 정도밖에 하지 못하는 스스로에게 짜증이 났다. 미안함과 짜증을 안고 기숙사에 들어오면 다시 공부가 쉽게 손에 잡히지 않았다. 마음을 다잡지 못하고 있는데 기숙사 룸메이트는 12시가 넘어도 들어오지 않았다. 혼자 있다 보니 오히려 생각은 더욱 부정적인 쪽으로 흘러갔다. 부정적으로 무한정 뻗어가는 생각의 흐름을 막기 위해 〈어느 60대 노부부 이야기〉를 들었다.

세월은 흘러 여기까지 온 60대 노인이 자신의 반려인과 영원한 이별을 하며 하는 말을 가사로 옮긴 이 노래를 들으면 결국 인간은 유한한 존재라는 것을 다시 깨닫게 된다. 인생의 황혼에 큰딸아이와 막내아들 이야기를 떠올리며 넋두리를 하는 모습이 떠올랐다. 과연 나는 내 반려인을 두고 홀로 떠날 때, 아니면 내가 떠나보낼 때 나는 무엇을 이야기할 수 있을지 고민이 되었다. 진짜 내가 60대가 되었을 때 저렇게 다른 사람과 내 이야기를 두런두런 나눌 정도의 인생을 살 수 있을지 궁금했다. 생각이 여기에 미치자 이상하게 열심히 해야겠다는 의욕이 들었다. 나중에 나이 들어 오늘의 이 풍경과 감정, 겪은 일이 하나의 추억이 되고, 다른 사람과 행복하게 나누려면 지금 무언가를 해야 한다는 생각이 들면서 내 몸과 뇌를 움직이게 만들었다. 마음이 차분해졌다. 다시 책을 넘겼다. 내 앞에 주어진 공부에 몰두했다.

〈비행기〉

어릴 때부터 대학교를 졸업하면 자기 앞가림을 스스로 해야 한다고 가정교육을 받았다. 그래서 대학 졸업과 동시에 취직해야 한다는 압박을 많이 받았다. 기숙사에 있으면서 집에 가는 날이 조금씩 뜸해졌다. 막연하게 앉아서 공부해야 한다는 마음만 있고, 몸과 머리는 움직이지 않았다. 스스로 걱정만 쌓고 살았다. 밤이 되면 창밖에 보이는 불빛을 보면서 나도 저 불빛 속에 들어갈 수 있을지 고민했다. 정말 이렇게 멀리서만 보고 나 혼자 인생에서 낙오하는 것은 아닌지, 대학도 한 해 늦게 왔는데, 취업도 늦어지면 정말 인생이 망하는 것은 아닌지 이런저런 걱정만 쌓였다. 걱정이 쌓이니까 지금 내 상황이 정말 힘들다는 생각이 들었다. 내 인생에서 가장 힘든 시기라고 생각했다. 그러다 우연히 미니홈피에서 거북이의 〈비행기〉를 듣고는 생각을 고쳤다. 노래는 비행기를 타고 어디론가 떠나는 사람의 신나는 마음을 담고 있다. 멜로디도 밝고 사람을 살짝 들뜨게 만든다.

하지만 나에게는 〈비행기〉가 밝고 신나는 노래로만 다가오지 않는다. 이 노래를 들으면 내가 인생에서 육체적으로나 정신적으로나 가장 힘들고 어려웠던 시기가 떠오른다. 바로 군대에 있던 때다. 특히 이등병과 일병 시절이 주마등처럼 지나간다. 기본적으로 몸 쓰는 것을 좋아하지 않는 나에게 군대는 육체적으로 힘든 곳이었다. 그래도 날이 가면서 육체적인 것들은 어느 정도 적응을 했지만 정신적으로 힘든 것은 참기 힘들었다. 자대 배치되자마자 팔이 부러져서 3개월 병원 신세를 졌다. 병원에서 부대에 돌아가면 적응을 잘할 수 있을지 걱정이 많았다. 아무것도 모른 채 3개월이 지나갔고, 가면 분명히 후임들보다 모르는 선임이기 때문에 엄청 혼이 많이 나고 창피할 일이 많을 것이라고 생각했다. 아니나 다를까 예상했던 일이 많이 일어났고, 예상했던 것보다 정신적 고통이 더 심했다. 부대 복귀하자마자 이것저것 새롭게 익혀야 하는 위치인데도 사람들은 나에게 3개월 부대 생활한 사람의 행동과 사고를 요구했다. 그 간극을 줄이는 게 너무 힘들었다. 내가 제대로 하지 못했을 때 선임들이 했던 말들은 가슴이 상처를 남겼고, 스스로도 자존심이 상해서 자기 비하를 엄청 했다. 이때 부대에서 많이 들려왔던 노래가 거북이의 〈비행기〉였다.

〈비행기〉를 듣고 있으니까 기숙사 창가에 앉아 밤 풍경을 보면서 졸업 이후의 삶을 걱정하는 내 모습이 신선처럼 느껴졌다. 군대에서 겪은 어려움은 내가 노력을 한다고 해도 이겨낼 수 없는 부분이 있었다. 신체적인 능력의 한계도 있었고, 다른 사람의 비이성적인 요구도 들어줘야 하는 부분도 있었다. 예를 들어 노래 10곡을 하루 만에 다 외우라고 하거나, 3일 안에 90명 가까이 되는 사람들의 이름과 입대 순서를 외우라는 것 등 말이다. 하지만 기숙사에서 하는 졸업 후 내 미래에 대한 고민은 온전히 내 노력으로 결정될 수 있다. 내가 지금이라도 힘내서 한다면 좋은 결과가 있을 확률이 높아지고, 그렇지 않고 계속 주저앉아 있다면 좋지 않은 결과를 낼 확률이 높아질 것이다. 그리고 그 말도 안 되는 어려움을 겪고 버텼는데, 이 정도 고민으로 멈출 수는 없다는 생각이 들었다. 결국 끝도 없는 고민에서 나와 내 나름의 노력을 시작할 수 있는 계기가 되었다. 작심삼일이라고, 졸업 후에 대한 불안이 한 번에 사라지지 않고 계속 돌아오긴 했지만, 그때마다 거북이의 〈비행기〉는 나를 다시 고민에 깊게 빠지지 않고 지금 당장 할 수 있는 노력을 하도록 만들어 주었다.

다시 기숙사 창가에서

지금까지 살면서 가장 고민이 많았던 시절을 꼽으라면 주저 없이 대학교 3, 4학년 때를 꼽을 것이다. 지금 돌이켜 보면 그때 고민들은 참 유치했다는 느낌도 많이 받는다. 내가 지금 조금 부족하다고 미래가 완전 엉망진창이 되는 것도 아니고, 논문 공부 제대로 못 했다고 세상이 무너지지 않는다. 내가 다른 사람의 시선을 신경 쓰면서 혼자 스트레스 받을 이유도 없었고, 더 나은 미래를 위해 졸업 후 1, 2년 정도 시간을 더 들여서 노력해도 인생 전체가 늦어지지 않는다. 그런데 그때 했던 많은 고민들은 당시 나에게는 진지하고 무거웠다. 내 인생의 모든 것이었다. 기숙사 창가에 앉아 멀리 있는 도시의 불빛을 보면서 나는 내 꿈과도, 주변 사람들과도 멀리 떨어져 버렸다는 자괴감에 휩싸이곤 했다. 그럴 때마다 노래는 기숙사 방 천장에 있는 형광등처럼 내 주변에서 항상 은은하게 기다리고 있었다. 노래를 들으면서 잠시나마 고민을 잊고, 다시 고민에서 돌아와 현생을 살 수 있게 해줬고, 어떨 때는 해결책을 알려주기도 했다. 이런 노래들이 있어서 나는 아직 엇나가지 않고 편안하게 숨 쉬며 살고 있다. 앞으로 노래에게 받은 도움, 열심히 들으며 갚아나가야겠다.

내 흐린 날의 기억

　오랜 기간 준비했던 예중 입시를 망친 후, 일반중학교를 다닐 때였다. 나는 학교에 다녀야 하는 이유를 몰랐다. 학교에서 하는 공부라는 거 필요한 것이 맞을까? 결국 이 길고 긴 인생에서 하고자 하는 건 무엇일까? 라는 무수한 생각을 하며 의미 없는 하루하루를 보내고 있었다. 빠른 결단을 내려야 했다. 무엇을 할 때 행복한지 어떤 행동이 의미가 있는지를 깨우쳐야 했다. 우리 학교에는 외고, 특목고 준비를 하는 학생이 많았고 예고를 준비하는 사람은 거의 없었다. 당연히 학교 선생님들은 아니꼽게 생각했고 생각 없이 놀고먹는 아이로 대했다. 반에 떡하니 함께 있는 상황에서도 이도 저도 아닌 사람으로 취급당했고 그런 인식은 더욱 학교를 등지기 쉬운 곳으로 만들었다. 그래서 항상 학원으로 도망쳤다. 입시를 하던 곳은 동네 작은 상가에 있는 하얀색의 학원이었다. 그곳에 있을 때 행복했다. 어떠한 결과를 내지는 못했더라도 도화지 앞에 앉을 때면 고통받던 모든 것을 잊어버릴 수 있었다. 하지만 원하는 고등학교는 내신도 중요하게 생각하는 곳이어서 쉽게 학교를 그만둘 수도 없었다.

학원에는 아주 커다란 CD 플레이어와 스피커가 있었는데 옆자리는 내가 차지했다. 노래를 틀었을 때 스피커가 쾅쾅 울리며 나오는 진동이 몸을 타고 흐르는 것 같이 느껴지는 자리였다. 당시에는 CD를 구워서 노래를 들었는데, 구울 줄은 몰랐지만 다른 사람들이 구워 오는 CD들의 리스트를 가지고 나름의 분위기를 연출하는 학원의 DJ였다. 하루는 한 선생님이 구워 온 CD를 내밀었다.

난 그 선생님을 특히 좋아하고 잘 따랐다. 경험해 보지 못한 어른의 세계 같았다. 지금 생각하면 고작 20대의 나이였을 텐데 항상 경직 되어있던 내 삶과는 다르게 선생님의 삶은 유영하게 움직일 수 있는 자유라는 물속에서 결정하며 즐기는 것 같이 느껴졌다. 그런 삶을 동경하고 그런 결과를 만들어 낸 선생님을 닮고 싶었다.

선생님은 유독 큰 입이 매력적이었다. 통쾌하고 시원하게 웃는 웃음소리와 커다란 입은 진하고 강렬한 빨간색의 립스틱과 함께 하얀 이를 돋보이게 만들어주었다. 허리춤까지 오는 까맣고 긴 생머리는 머리숱도 많아 흔들리는 머리에 얻어맞으면 그렇게 아플 수가 없었다. 선생님은 항상 밤을 새고 오셨고 365일 다이어트를 했다. 항상 고구마와 브로콜리, 닭가슴살을 챙기셨지만 살은 빠지지 않았다. 왜 살도 안 빠지는데 이렇게 먹어야 하느냐고 질문을 던졌지만 호탕하게 웃을 뿐 굴하지 않으셨다. 허술하고 털털한 모습의 선생님은 연필을 잡으면 다른 사람이 되었다. 빠르게 움직이는 손의 움직임에서 놓쳤던 부분이 드러나고 어렵게 생각했던 부분이 쉽게 해결되었다. 마술사라는 생각이 들 정도로 예리한 눈과 손은 그림의 분위기를 단번에 바꿔 놓았다. 선생님의 그림은 선생님을 닮은 듯 닮지 않은 모습이었다. 과감한 듯 보이지만 그사이 세세하고 세밀한 묘사는 여태 보지 못한 다른 모습이었을 것이다.

선생님이 내밀어 준 CD는 신선한 충격으로 다가왔다. 학원에서 즐겨 틀던 노래들은 Britney Spears 같은 댄스곡 위주거나 아니면 김형중의 〈세 살 차이〉나 윤도현 밴드의 〈흰수염고래〉 같은 노래였다. 근데 그 CD에서 흘러나온 건 일본 애니메이션 영화, '시간을 달리는 소녀' 같이 청량한 색감의 배경에서 풋풋한 아이가 바람을 맞으며 자전거를 타고 내려올 때의 상큼함이 생각나는 노래였다. 선생님은 자기가 요즘 빠져 있는 밴드라고 홍대에서 공연을 자주 보러 다닌다고 했다. 직접 들으면 그 풋풋함과 청량함이 가슴속에서부터 벅차오르는 감동을 느낄 수 있다고 하시며 공연장에서의 이야기를 들려주셨다. 그 CD에 구워져 있는 10곡 남짓의 노래 중에 〈Ready, Get Set, Go!〉라는 노래가 유독 귀에 오래 머물렀다. 오랜 시간 진행되어 온 입시 생활에 멈춰버린 마음과 뇌에 노크를 두드리는 것 같았다.

나는 결정을 못 하고 있던 것이 아니었다. 단지 너무 지친 나머지 뿌연 안개가 몸과 쉼 없이 달리고 있는 길을 꽉 채우고 있던 거였다. 노래의 첫 음과 함께 환호하는 사람들의 소리는 어디에서부터 인지 알 수 없는 뜨거움을 몸속에 일으켰다. 그 뜨거움은 안개를 걷어내기에 더할 나위 없이 완벽했다. 어디로 달려가고 있는지 알 수 없는 길 위에 푸릇푸릇한 꽃이 생겨나는 것 같았고 푸르른 하늘을 바라보고 시원한 산들바람을 맞으며 달려가고 있는 기분으로 만들어 주었다. 한동안 학원에 갈 때마다 반복적으로 들었다. 함께 입시를 하는 친구들과 선배들이 이제 그만 듣자고 귀를 틀어막고 잔소리를 하기도 했지만 다른 노래를 들어도 머릿속을 떠나지 않았다. 노래를 떠올릴 때면 잊어버렸던 열정의 꼬리를 붙잡게 되는 것 같았고 생각을 하게 되는 것 같았다. 그리고 어느 순간 무엇을 하고자 하는지 결정할 수 있었다.

학교에 그만 다니기로 했다. 중학교 2학년 말쯤 되었던 것 같다. 학교에 다니는 행위는 아무런 의미를 주지 못했다. 학교에서 배우는 공부 또한 마찬가지였다. 담임선생님께 말씀드렸지만 역시 아무도 지지해 주지 않았다. 하지만 엄마는 꾸준히 담임선생님을 설득해 주었고 못마땅했던 담임선생님은 매일 아침에 우리 반이 있는 3층 복도를 락스로 깨끗하게 청소를 해야 하교를 시켜주겠다고 했다. 그렇게 하면 포기할 거라고 생각했을까? 아마 우리 엄마는 이런 일이 있었는지 몰랐을 거다. 열 받았지만 어쩌겠는가 어쨌든 중학교 졸업장은 필요하다는 엄마와의 합의점은 지켜야 했다. 그 후로 매일 새벽 5시에 일어나 6시까지 학교를 갔다. 아무도 없는 어두컴컴한 학교에서 다른 친구들이 등교하는 시간까지 바닥 청소를 했다. 매일 하는 청소는 3층 복도를 락스냄새로 진동하게 했다. 학교 선생님들은 지나갈 때마다 "복도에서 락스냄새가 아주 진동을 해서 살 수가 없네!"라고 큰 소리로 이야기를 하셨다. 그 이야기를 무시한 채 청소가 끝나면 담임선생님 책상에 락스통을 내려놓고 학원으로 향했다. 비위가 약했던 나한테는 너무 힘든 생활이었지만 결정을 내렸고 행할 수 있다는 기쁨이 움직이게 했다.

유일하게 박수를 쳐주었던 선생님은 결정을 내린 것에 축하를 보내며 남은 시간 동안 최선을 다해야 한다고 조언해 주었다. 작은 지지라도 큰 힘이 된다는 것을 많이 느꼈다. 그 후로 매일이 행복을 가져다주는 시간이 되길 바라며 하루하루를 충실히 살아갔다. 새벽 5시 일어나 청소를 하고 학원에 도착하는 7시 30분부터 집에서 마무리 연습이 끝나는 새벽 1시까지 하루도 쉬지 않고 결정에 매진했다. 재밌었다. 굉장히 즐거웠다. 무엇인가에 열정을 보이는 건 그만큼 시간이 어떻게 흘러가는지 알 수 없을 정도로 즐거운 일이라는 것을 알게 되었다. 물론 피곤하고 지치고 포기하고 싶었던 날도 있었지만 그럴 때마다 이어폰을 귀에 꽂고 〈Ready, Get Set, Go!〉 그 청량함 가득한 노래를 들으며 열정의 꼬리를 꽉 잡고 놓아주지 않았다. 정말 신기하게도 이 노래를 들을 때면 잠깐이지만 피곤함과 지친 마음을 잊을 수 있었다.

그렇게 남은 1년을 다녔다.

그러던 와중에 문제가 터졌다. 고등학교 입시 시험을 몇

주 남긴 날, 와서는 안 될 슬럼프가 찾아왔다. 준비하던 학교는 수채화에 많은 비중을 뒀다. 그런데 찾아온 슬럼프는 붓을 어떻게 쥐었는지 색을 어떻게 만들어 냈는지조차 잊게 만들었다. 원장님은 아직 시간이 있으니 매일 다시 기초부터 연습해 슬럼프를 이겨내면 더 좋은 결과가 있을 거라고 격려해 주었다. 밤낮으로 연습했지만 촉박하게 다가오는 시간과 나아지지 않는 슬럼프는 좌절감만 계속 가져올 뿐이었다. '한순간도 쉽게 주어지는 것이 없구나.'라는 생각과 함께 1분 1초가 지옥 같았다. 그때 선생님이 다른 방법을 제시해 주었다.

"이게 답이 될지 안 될지는 알 수 없지만, 오히려 네가 잘하는 부분을 더 보여주자."

방법은 남들은 수채화로만 완성하는 그림을 수채화 위에 콘테라는 데생 재료를 사용하여 마무리하는 것이었다. 이미 내신까지 포기한 상태에서 정말 무모한 도전이었다. 그렇지만 다른 방법이 없었다. 놀랍게도 그 방법은 굉장히 잘 맞았다. 초등학교 입학 때부터 입시를 해왔기 때문에 다른 입시생보다 데생을 잘했고 얼마 남지 않아 불안했던 시간도 단점을 가리기에는 충분했다. 남은 기간동안 예전 그림의 모습을 잊어버리고 다른 방식의 완성도를 찾기 위해 매진했다. 시험 당일이 되었을 때 정말 안타깝게도 그동안의 고생이 몸으로 나타나 버렸다. 온몸에 열이 나고 식은땀이 흘렀다. 최악의 상황에서 수채화 그림을 완성하는 시간에 데생 재료를 꺼내는 사람도 나뿐이었다. 망했다, 라는 생각이 머릿속에 한가득이었다. 후회하지는 않았지만 운이라는 건 따르지 않는다고 생각했다. 터덜터덜 모든 것을 내려놓고 돌아갔을 땐 학원 선생님은 최선을 다했으면 된 거라고, 결과가 나오지 않은 상황에서 부정적인 생각은 독이 될 뿐이라고 다독여 주셨다.

다시 학교로 돌아가 무의미한 시간을 보내고 있던 날, 만삭의 영어 선생님은 반 아이들을 향해 "누군가가 실패하고 결국엔 다시 학교로 돌아왔죠? 그래서 학생은 학생의 본분을 다해야 한답니다. 저렇게 살면 안 됩니다."라며 또다시 투명 인간 취급했다. 쉬는 시간에 친구들과 곧 태어날 아이가 불쌍하다는 이야기를 하며 분풀이를 하던 중 한 통의 문자를 받았다. 합격의 문자였다. 그때의 감격은 지금도 잊을 수 없다. 기쁨의 눈물이라는 건 이런 것이었을까? 문자를 받는 순간 자리에서 벌떡 일어나 합격 통보를 전해준 곳으로 전화를 걸었다. "제가 문자를 한 통 받았는데 이게 사실인가요?" 다급하게 묻는 목소리에는 눈물이 한가득 들어 있었다. "네. 합격하셨어요. 학교에서 만나요."라고 들려오던 목소리는 아직도 잊지 못한다. 엄마와도 통화를 마친 후 빠르게 선생님에게 전화를 걸었다. 일어서지 못했던 매 순간에 응원과 조언으로 방향을 제시해 주었던 그 분께 직접 말씀드리고 싶었다. 한참을 울고 있어서 뭐라고 이야기했는지는 모르지만 우리는 분명 그 순간을 함께 축하했다.

집으로 돌아가는 길에 〈Ready, Get Set, Go!〉 노래를 들었다. 시작과 함께 나오는 함성, 마음을 울리는 기타 소리는 전에 들었던 것과는 다른 설렘을 가져다주었다. 마치 여태 겪었던 것들을 잘 참아왔다며 끝까지 놓지 않았던 열정의 꼬리의 전체 모습을 보여주는 것 같았다. 앞으로 가게 될 새로운 학교에서의 생활이 어떤 식으로 펼쳐질지는 모르겠지만 노래가 가져다주고 있는 희망은 뭐든지 해낼 수 있다는 응원이었다.

시간이 지나 대학생이 되었을 때, 페퍼톤스의 공연을 볼 기회가 생겼었다. 공연을 보는 내내 머릿속에는 커다란 힘이 되었던 선생님이 생각났다. 말해 주시던 공연의 재미라는 것이 이런 것이었을까? 싶었고 여전히 이 밴드를 좋아하고 계실까? 어떤 삶을 살고 계실까? 많은 의문이 들면서 찾고 싶었다. 많은 수소문을 했지만 바뀐 연락처와 이미 없어진 학원은 선생님을 쉽게 내어주지 않았다. 그러던 어느 날 광화문에서 놀고 집에 가는 길에 선생님의 이름을 발견했다. 한 전시장에서 개인전을 하시는 거였다. 준비가 안 된 모습과 함께 혹시나 만나게 된다면 어떤 이야기를 먼저 해야 할까? 그리고 선생님이 뿌듯해할 만큼 잘 살았는가? 라는 생각을 하며 빠른 발걸음으로 전시장으로 들어갔다. 그곳엔 선생님은 안 계셨지만 그림 속에는 항상 보아왔던 선생님이 있었다. 한참을 방명록에 내 이름을 적을까 고민했다. 예전의 나만큼 지금의 내가 무엇인가에 최선을 다하고 열정을 가지고 있는 아이일까 하는 생각이 들었다. 대학 생활은 생각한 것보다 더 광범위했고 다양했으며 그 속에서 자리를 찾지 못하고 있다는 생각이 들었고 스스로 '열심히 잘살고 있어요.'라고 자랑스럽게 이야기할 수 없다는 것을 깨달았다. 결국 이름을 남기지 못하고 돌아섰다.

그렇게 돌아선 이후 만들고 있던 작업에 더 매달리기 시작했다. 그때와는 다르게 옆에 믿을 만한 선생님은 없었지만 동료들이 있었다. 새벽 작업을 하며 삶에 의문이 생길 때면 여전히 마음을 뜨겁게 해주는 〈Ready, Get Set, Go!〉 노래를 크게 틀어 놓고 동료들과 함께 부르며 마음을 달래고는 했다. 이때는 항상 눈물이 난다. 경쾌하게 목표를 향해 달려가는 여성 보컬의 목소리가 열정 가득했던 예전의 모습과 지금이 대비되면서 이름을 남기지 못한 순간에 느낀 감정은 스스로가 창피했기 때문이라는 사실을 인식했기 때문인 것 같았다. 선생님을 떠올렸다. 다음번에 선생님에게 존재를 알릴 순간이 온다면 다시는 놓치지 않겠다는 생각을 하며. 졸업 전시를 하던 날, 친구의 지인이 내 작품을 보고 공감의 이야기를 전했다. 행복했다. 다시 한번 열정을 부여잡고 달리게 해준 선생님과 노래에 감사했다.

여전히 나는 페퍼톤스의 노래를 찾아 듣고 그 밴드가 발전해 나가는 모습을 보고 있다. 노래를 들을 때면 선생님과 함께 혼란하고 열정 가득했던 예전 모습이 떠오르며 지금 놓치고 있는 것이 있는지, 원하는 것은 어떤 것인지 한 번 더 생각하게 하며 마음속에 작은 불씨를 일으키고는 한다.

에어팟을 껴야 능률이 올라갑니다

"에어팟을 끼고 일해야 능률이 오르는 편입니다."

한 개그 프로그램에 등장해 큰 화제를 모은 대사다. 사무실에서 이어폰을 끼고 일하던 한 신입사원이 맑은 눈으로 내뱉은 말이었다. 이후 한동안 사무실에서 이어폰을 껴도 된다는 쪽과 안 된다는 쪽의 의견이 팽팽하게 대립했다. 이어폰 착용에 문제가 없다는 쪽의 논리는, 업무에 지장이 없는 선에서 자유를 보장해야 한다는 의견이었다. 반대의견은 소통에 문제가 생길 수 있다는 것이었다. 이는 언뜻 보기엔 단순히 이어폰을 끼고 말고의 문제였으나, 사실상 세대 갈등 문제였다. 이어폰을 끼는 것이 문제가 없다는 쪽은 이른바 MZ세대였고, 기성세대는 이러한 흐름에 반대하는 의견을 내비쳤다.

이러한 세대 갈등과는 별개로, 나는 이어폰을 끼고 일하는 것에 익숙했다. 과거 방송작가 일을 할 때 이어폰은 필수였다. 특히나 막내 작가 시절에는 하루에만 수십 통의 전화를 돌렸다. 사례자나 전문가와 통화할 때는 반드시 메모가 필요했다. 거의 모든 말을 받아 적는다는 각오로 두 손이 자유로워야 했다. 이 때문에 하루 종일 이어폰을 귀에 꽂고 키보드가 부서져라 타자를 쳤다. 한 통화가 끝나면 또 다음 통화로, 다음 통화로. 손과 입과 귀가 쉴 틈이 없었다. 선배가 되어서도 크게 달라질 것은 없었다. 막내 작가가 통화한 녹취록을 듣거나, 피디가 촬영해 온 촬영본을 볼 때도 이어폰은 필수였다. 물론 막내 작가에게 시키기 어려운 통화를 직접 하는 경우도 다반사였다. 이후 편집 과정으로 넘어갈 때도, 가편집본을 확인하거나 이전 촬영본의 인터뷰 내용을 뒤질 때도 늘 이어폰이 함께 따라다녔다.

노트북, 다이어리 등을 비롯해 작가들에겐 이어폰도 마치 한 몸과 같았다. 이 때문에 선배들은 돈을 들여서라도 좋은 이어폰을 구매했다. 계속 착용하고 있으려면 우선 귀가 편안해야 했고, 녹음 상황이 좋지 않은 녹화본의 말 한마디까지 놓치지 않아야 했기에 음질이 떨어져서도 안 됐다. 업무는 장비빨이라고 했던가. 방송작가에겐 노트북이나 다이어리를 비롯해 이어폰 또한 장비빨의 영역에 포함되었다. 업무 시간 중에 이어폰을 착용하지 않고 있으면, 오히려 일을 하지 않는 것처럼 비치기도 했다.

이와 같은 다양한 이유 덕분에 방송국 사무실은 회의 시간 외에는 굳이 이어폰을 빼지 않아도 괜찮았다. 막내 작가 시절엔 선배 작가나 피디와 소통할 일이 많았지만 이어폰이 문제가 되진 않았다. 만약 이어폰을 끼고 있다면 서로 툭툭 치거나, 메시지를 보내면 될 일이었다. 선배 작가가 되면서부터는 구성안이나 대본을 작성할 때 집중하기 위해 음악을 듣기도 했다. 어차피 수시로 이어폰을 착용하기 때문에 누구의 터치도 받지 않는 환경이었다. 이후 방송작가를 그만두고 들어간 마케팅 회사에서도 고객사의 유튜브 채널을 운영했다. 업무시간에 자연스레 이어폰을 착용했고, 이러한 업무환경을 거쳐온 탓에 당연하게 이어폰과 함께하는 사무실이 익숙했다.

업무 중에 가장 많이 듣던 곡은 ADOY의 음악이었다. ADOY는 이른바 '커머셜 인디'라는 음악적 지향점을 가지고, 대중적인 어필과 동시에 인디의 독창성을 잃지 않겠다는 다짐으로 뭉친 밴드다. 청춘을 노래하는 밴드라는 수식어와 함께 시티팝 장르에선 독보적인 위치를 차지하며 각종 국내 페스티벌은 물론 국외로도 활발한 공연 활동을 펼치고 있는 팀이다.

ADOY의 여러 명곡 중에서도 가장 많이 들은 곡은 〈Don't stop〉이었다. 이 노래는 ADOY의 대표곡 중 하나로 공연에선 반드시 마지막을 차지한다. 〈Don't stop〉은 어떠한 상황에서도 절대 멈추지 말라는 의미를 담은 곡이다. 어떤 이유도 필요 없이 지금이 바로 그 순간이니, 자유와 청춘을 노래하며 절대로 멈추지 말라는 가사가 인상적이었다. 이 곡은 ADOY의 데뷔앨범에 실린 곡인데, 그 뒤로도 수많은 명곡을 발표했지만, 어떤 곡도 이 곡을 이길 수는 없었다. 어쩌면 나에게 가장 필요한 말이었기 때문일지도 모르겠다. 멈추지 말라는 말. 지금의 청춘과 자유를 영원히 노래하라는 말.

⟨Don't stop⟩은 어떤 수식어도 필요 없고 말 그대로 신난다. 이 곡의 백미는 가수와 팬들이 '워'로 떼창을 하는 부분인데, 덕분에 보컬인 오주환은 일명 '워 전도사'로 불리기도 한다. 단독공연이나 페스티벌에서 '워'를 외치며 미친 듯이 한바탕 뛰고 나면, 몇 달간의 스트레스가 확 풀렸다. 거친 숨소리에 집중하다 보면 가끔은 가슴이 터지다 못해 눈물이 날 것 같았다. 듣기만 해도 방방 뛰고 싶은 곡을 업무 시간에 듣는 것이 의아할 수도 있겠지만, ⟨Don't stop⟩에는 은근히 사람을 부추기는 힘이 있었다. 방송작가 시절 구성안이나 대본을 쓸 때, 마케터로서 콘텐츠 또는 광고를 기획할 때는 언제나 새로운 것, 창의적인 시각이 필요했다. 그러나 매번 새로운 것을 떠올리는 것은 어려웠다. 생각이 우뚝 멈춰 서는 순간을 맞닥뜨리곤 했다. 잘만 하던 일이 갑자기 막막하고, 아무리 아이디어를 쥐어짜 내도 모두 별로인 것 같을 때, ADOY의 ⟨Don't stop⟩이 필요한 순간이었다. 그럴 때는 반드시 앨범 버전이 아니라 공연 라이브 영상을 틀었다.

⟨Don't stop⟩은 부르기 전부터 가수도 팬들도 마음가짐을 달리한다. 이미 어느 타이밍에서 이 곡을 부를 것인지는 누구나 다 알고 있고, 이제 힘껏 소리 지를 준비를 해야

한다. 보컬인 오주환은 곡의 시작에 앞서 '워' 떼창으로 관객들을 예열하기 시작한다. 우린 그 짧은 3~4분간 타오르다 못해 재가 될 심정으로 기꺼이 달궈지기를 즐긴다. 라이브 버전에는 이러한 과정들이 잘 담겨있다. 이미 곡을 시작하기 전부터 들뜬 오주환과 관객들의 목소리를 듣고 있자면, 공연장에 함께 있는 것처럼 저절로 가슴이 뛰었다.

노래로 들뜬 마음은 생각지도 못한 결과를 끌어냈다. 오주환의 힘찬 선창과 관객들의 떼창이 뒤따를 때면, 그리고 멤버들 모두 내일이 없을 것처럼 신나게 연주하는 것을 듣고 있자면 우뚝 멈춰 선 생각이 움직였다. 막혔던 시야가 열리고, 어디서 본 것 같이 똑같은 것만 떠오르던 흐릿한 머릿속이 맑아지고 새롭게 환기되는 느낌이 들었다. 그럼 나는 새로운 것을 받아들이며, 전에 해보지 않았던 방향을 찾아가는 것이다. 단기간 내에 마감 기한이 빠듯한 업무를 끝내야 하는 급박한 상황이나, 색다른 기획을 제시하고 그걸 기획안으로 정리해야 할 때, 어디서도 본 적 없는 광고 문구를 뽑아내야 할 때는, 엉뚱하고 누구도 상상하지 못한 날 것의 무언가 필요했고, 나는 언제나 주저 없이 〈Don't stop〉을 재생했다. 모든 생각을 내맡겼다. 멈추지 않고 어디로든 뻗어 나가도록.

이렇듯 이어폰에 익숙하고 관대한 삶을 살아온 탓에, 이어폰이 세대 갈등의 원인이 될 줄 몰랐다. 처음엔 이해가 되지 않았다. 불러도 답이 없으면 책상을 톡톡 치거나, 메시지를 보내면 될 일 아닌가. 실제로 난 그렇게 일해왔으니까.

물론 이어폰을 꽂는 행위가 업무에 지장을 주어선 안 될 일이다. 직장동료와 소통에 문제가 되었거나, 음악에 정신이 팔려 일이 안 될 지경이었다면, 아마 나도 이어폰을 꽂지는 않았을 것이다. 내가 자유롭게 이어폰을 꽂을 수 있었던 것은, 업무에 지장을 주지 않을 뿐 아니라 이어폰이 더 좋은 결과물을 낸 덕분이었다.

다양한 사람, 다양한 직업, 다양한 업무환경이 있고, 그에 따라 음악이 필요한 사람이나 때론 음악이 필요한 순간이 있다. 이어폰을 꽂고 음악을 듣는 행위가 오히려 능률을 올려주는 쪽이라면 상호 간에 적당한 이해도 필요하지 않을까? 정 소통에 문제가 될 것 같다면, 노이즈캔슬링으로 주변 음을 차단하는 행동만 하지 않는 정도로 합의 봐도 좋겠다.

여하튼, 나는 에어팟을 껴야 능률이 올라간다.

합주, 그리고 공연

 # 갑자기 무슨 밴드야

대학생 때 알고 지냈던 지인이 직장인 밴드를 해보자고 제안했다. 당장 하자는 게 아니라 각자 합주를 할 정도의 실력을 갖춘 뒤에 밴드를 결성해서 공연을 해보자는 거였다. 삶이 바쁘면 좋은 관계여도 지속적으로 만나는 게 어려워질 수도 있지만 취미 생활을 공유하면 그것 때문이라도 주기적으로 만나는 게 즐거워지지 않겠냐는 의도에서였다. 대화를 거듭한 끝에 지인은 드럼을, 나는 기타를 배우기로 결정했다.

기왕 하기로 했으니 기타를 배울 곳을 수소문했다. 그러다 SNS를 통해 라이브 펍에서 초보자들을 대상으로 하는 밴드 음악 레슨 커뮤니티를 발견했다. 4주 동안 수업을 듣고 희망자에 한해 팀을 구성해서 3주 동안 합주를 진행한 뒤, 마지막 8주 차 때 공연을 할 수 있는 프로젝트였다. 강습 과목은 보컬, 기타, 퍼커션, 피아노, 작곡으로 총 다섯 과목이었고 악기를 배우면서 밴드 형식으로 공연도 할 수 있다는 것에 끌려서 수업을 신청하게 되었다.

두 사람이 한 번에 지나기에는 좁고 가파른 계단을 올라가면 투명한 유리문 안에서 강아지가 꼬리를 흔들며 수강생들을 반겨주었다. 한쪽에 바(bar)가 있어서 수업 시간에 다양한 음료를 마실 수도 있었고, 편하게 앉을 수 있는 카우치부터 다양한 높이의 의자가 있어 각자 마음에 드는 자리에서 수업을 들을 수 있었다. 기타를 배우기 위해 방문했지만 노래도 잘 부르고 싶은 욕심에 보컬과 기타 수업을 함께 신청했다. 평소에 악기를 배워보고 싶어서, 밴드 형식으로 공연을 하고 싶어서, 노래방에서 노래를 좀 더 잘 부르고 싶어서, 친구 따라 놀러 왔다가. 각자 수업을 신청한 이유는 다양했다. 보컬 수업은 호흡하는 방법부터 발성, 발음 등 노래를 해석하고 표현하는 방법, 각자에게 어울리는 음정과 음색을 찾아가는 것 등을 배웠고, 기타 수업은 기타 악보 및 코드의 이해, 피크나 손가락으로 소리 내는 방법, 곡의 느낌과 박자에 맞춰서 연주하는 방법 등을 배웠다.

본가에서 직장까지 왕복 4시간, 게다가 교대 근무를 하면서 토요일마다 수업을 들었던 터라 눈 코 뜰 새 없이 바빴지만 음악을 배우는 게 재미있었다. 한 번 본 악보나 가사를 곧바로 외우는 능력이 있는 것도, 남들보다 손놀림이 유려한 것도 아니었다. 그저 매일 조금씩 꾸준하게 노래를 부르고 기타를 연주하는 것에 집중했다. 그 시절의 나는 상처투성이였고 생각이 멈추지 않아서 눈을 감아도 잠들지 못했던 날들이 많았다. 기타를 연습하고 노래를 부르는 순간이나마 꼬리에 꼬리를 물었던 잡념들이 옅어지는 것 같았다.

합주, 그리고 공연

각 과목의 코치님들이 합주 기간에는 공연팀의 합주를 총괄했고 전체 스케줄을 관리하는 매니저님이 있었다. 공연팀은 음악적 경험치나 취향, 합주가 가능한 시간, 보컬과 악기의 조화 등을 고려하여 매니저님이 정했는데 악기 구성이 많다고 해서 합주의 수준이 올라가는 것은 아니었다. 공연 곡을 선정할 때도 개인의 음악적 취향과 더불어 악기 파트에서 감당할 수 있을 정도의 주법, 보컬이 부를 수 있는 음역대 등을 고려해서 노래를 결정했다. 공연 곡은 원곡 그대로를 사용하기도 했지만 코러스 몇 마디를 덜어내는 방식으로 원곡보다 짧게 재구성하기도 했다. 수강생의 대부분은 악기를 처음 다뤄보는 초보자였는데 간혹 구세주처럼 모셔야 하는 중급 실력을 갖춘 경험자도 있었다.

공연팀은 기타로 참여하는 팀과 보컬로 참여하는 팀으로 각각 배정받았다. 기타로 참여하는 팀은 악보를 외우고 반복해서 연습하면 어느 정도 합주는 따라갈 수 있었다. 문제는 보컬로 참여하는 팀이었는데 기타를 연주하면서 노래를 불렀으면 하는 분위기였지만 그 자체로 쉽지 않았다. 합주는 연습을 하는 시간이 아니라 말 그대로 합을 맞춰서 연주하는 시간이었다. 눈을 감아도 눈을 떠도 가사가 생각나지 않아서 1절과 2절을 섞어서 부르기도 했고, 기타를 연주하면서 코드가 헷갈린 나머지 허공에다 대고 연주하는 척을 하기도 했다. 혼자 연습하는 건 어떻게든 하겠는데 합주는 내 맘대로 되지 않아서 합주하는 시간이 괴로웠던 적도 있었다. 내가 잘하지 못해서 팀원들에게 피해를 끼치면 어떡하나 싶었고, 관객들 앞에서 망신을 당하면 어쩌지 싶기도 했다. 잘하지 못해도 괜찮다고, 초보자가 합주를 하고 밴드 공연을 하는 것 자체가 대단한 일인 거라고, 음악을 좋아하고 표현하는 것으로 충분하다고 코치님과 매니저님이 격려해 주지 않았더라면 합주하던 중에 도망쳤을지도 모르겠다.

눈을 감고 기타를 연주하며 노래를 부를지, 아니면 관객을 처다볼지, 어떤 표정을 짓는 게 좋을지 등 여러 가지를 고민하고 무대에 올랐다. 전주가 끝나고 바로 노래를 불러야 하는데 갑자기 가사가 떠오르지 않아서 몸에서 피가 싹 빠져나가는 느낌이 들 정도로 당황했었다. 그런데 '다시 시작하자고 할까?' 싶었던 마음과 별개로 입술이 알아서 연습했던 대로 가사를 읊었다. 아찔한 마음에 눈을 질끈 감고 노래를 불렀는데 일부러 장면을 연출한 줄 알았다고 관객들로부터 전해 들었다. 연습한 대로 기타를 연주하고 노래를 부르다 보니 어느덧 우리 팀의 순서가 끝났다.

밴드 형식으로 공연을 해보니 함께 공연했던 멤버들, 각 수업을 담당하는 코치님과 매니저님, 초대에 응해준 지인들과 처음 본 관객들 덕분에 훌륭한 곡을 연주할 수 있었다는 생각에 감사한 마음이 저절로 들었다. 합주하는 과정에서 우여곡절도 많았고 공연하는 날에는 실수를 하기도 했지만 음악을 사랑하는 사람들을 만날 수 있었고, 그들과 함께하며 각자의 고민과 열정을 나눌 수 있는 시간을 보낼 수 있었다.

다시 8주, 연습실 근처로 이사

고작 한 번 기타 수업을 들었다고 직장인 밴드를 할 만큼의 실력이 생겼을 리 없었다. 합주를 해보니 드럼에도 흥미가 생겨서 이번에는 기타, 보컬, 드럼 수업까지 총 세 과목을 신청했다. 밴드 음악을 배우다 보니 내친김에 딱 한 곡만 온전하게 내 힘으로 기타, 베이스, 건반, 드럼을 연주해보고 싶었다. 대중교통을 이용하면 집에서 라이브 펍까지가 1시간, 라이브 펍에서 직장까지가 1시간 거리여서 이번에는 라이브 펍 근처로 자취방을 구했다. 매니저님도 뭘 그렇게까지 하냐고 만류했지만 그렇게라도 해야 드럼 연습을 할 시간이 생겼기에 충분히 고민하고 과감하게 실행했다. 연고도 없던 동네에 오로지 음악을 배우기 위해서 이사를 결심했다.

드럼 수업은 악보 및 박자의 이해, 양손과 양발을 이용해서 박자를 표현하는 방법, 세트 드럼과 패드를 활용하여 연습하는 방법 등을 배웠다. 드럼은 두드리는 자체로 재미있었다. 쉬는 날이면 합주실을 빌려서 드럼 연습에 열과 성을 다했으나 손발이 내 마음대로 움직이지 않았다. 악보대로 연주하지도 못했고 박자도 내 마음대로 빨라졌다가 느려졌다가 난리였다. 힘을 빼고 연주를 해야 자연스러운 표현이 가능한데 양쪽 팔과 어깨에 힘이 너무 들어가서 힘은 어떻게 해야 뺄 수 있느냐고 코치님에게 반문하기도 했다.

세 팀으로 공연하는 건 현실적으로 무리가 있을 거 같다는 매니저님의 판단으로 보컬과 기타를 묶어서 한 팀으로, 드럼을 한 팀으로 해서 두 팀으로 공연을 하기로 결정했다. 내가 열심히 연습하는 모습이 누군가에게는 귀감이 되기도 하지만 누군가에게는 부담이 된다는 말을 매니저님으로부터 전해 들었다. 잘하지 못해서 노력했고, 팀원들에게 짐이 되고 싶지 않아서 연습을 열심히 한 건데 그것 때문에 같은 팀을 하는 게 부담스럽다는 얘기를 들으니 속상하기도 했다. 속상한 마음에 매니저님을 붙잡고 펑펑 울었다. 그날 집에 가면서 중도 하차를 해야 하나 고민했었다.

지인이 농담처럼 진담인 듯 던진 말 한마디로부터 악기를 배우기 시작했고, 음악을 체계적으로 배우기 시작하면서 삶이 좀 더 풍성해졌다. 내가 좋아서 하는 일이 남에게 피해를 줄 수 있다는 생각을 해본 적이 없었다. 대단하지 않아도 괜찮았다. 나의 열정을 인정받기 위해서 밴드 공연을 하려는 것도 아니었다. 무대를 사랑했다. 무대에서 관객들과 호흡하는 것을 좋아했다. 결국, 속상한 마음을 다잡고 괜찮다고 스스로 위로하면서 이전보다는 무언가를 위한 열정을 아주 조금만 내려놓자고 다짐했다.

기타를 치며 노래하는 것 못지않게 드럼으로 공연하는 것도 매력적이었다. 다른 악기들 소리와 보컬의 목소리에 집중하면서 드럼을 연주하다 보니 팀원들의 호흡이 더 와닿는 것 같았다. 약속한 박자보다 느려지면 보컬이 호흡이 길어져서 곤란하거나, 반대로 박자가 빨라지면 다른 악기들이 따라오기 버거워했다. 내 맘대로 박자를 갖고 노는 바람에 팀원들이 고생을 했지만 코치님도 팀원들도 인내심을 갖고 지켜봐 주었고, 그 덕분에 포기하지 않고 공연을 마칠 수 있었다.

기타리스트에서 드러머로

직장인 밴드를 해보자던 지인을 리더 삼아서 밴드를 결성하고 2년 동안 기타를 연주했다. 보컬, 투기타, 드럼, 베이스, 건반으로 총 6명으로 구성된 직장인 밴드였다. 주로 어쿠스틱 기타를 연주했는데 일렉트릭 기타를 담당한 멤버가 직장인 밴드를 해본 경험자여서 마음 편하게 어쿠스틱 기타를 연주할 수 있었다. 매주 모여서 합주를 하고 가끔 주말에 야외 합주를 하며 언젠가 단독 공연을 할 수 있기를 기대했다.

직장인 밴드를 하면서도 드럼에 대한 흥미가 사라지지 않았던 터라 드럼 학원에 등록하게 되었다. 마침 드럼 학원에서 발표회 때 초청밴드 형식으로 공연을 할 기회가 생겼다. 다만 드럼 학원의 회원이다 보니 내가 드럼으로 2곡, 기타로 1곡 정도로만 공연을 하는 방식이었다. 이러면 밴드

내에서 악기 파트가 바뀌는 상황이 문제였다. 기타리스트가 드러머가 되어야 했고, 정작 밴드의 드러머는 공연을 한 곡밖에 못 하게 되는 것이니까 말이다. 설상가상으로 일렉트릭 기타를 연주하던 멤버가 밴드를 관두게 되어서 내가 일렉트릭 기타를 연주해야 하는 상황이었다. 멤버들과 상의 후에 드럼 학원 발표회에서 우리 밴드의 첫 공연을 하기로 결정했다 부담없이 공연을 하고 싶어서 결정한 일임에도 연습을 할수록 공연에 대한 부담이 커져만 갔다. 어쿠스틱 기타로 코드만 쳐보다 일렉트릭 기타로 음을 하나하나 연주하려니 기타가 더 어렵게 느껴졌다.

드럼 학원 발표회에서 공연을 한 이후로 드럼을 좀 더 잘하고 싶은 욕심이 커져서 공교롭게도 직장인 밴드를 관두게 되었다. 기타로 시작한 밴드에서 드럼을 잘하고 싶어서 관두게 된 거라 지인과 다른 멤버들에게 미안한 마음이 컸지만 기타를 연주하는 것보다 드럼을 연주할 때 더 행복했기에 결심한 일이었다.

〈내일은 아무도 몰라〉
지금도 드럼 공연을 꾸준히 하는데 무대에 설 때 떨리지 않느냐고 많이들 물어본다. 어릴 때부터 다양한 형태로 공연을 할 일이 많았거니와 보통의 사람들보다 긴장하는 게 티가 덜 나는 편이었다. 공연을 위해서 무대에 오르면 주위의 공기마저 내 편이 되어 나를 포근하게 감싸주는 것 같았다. 나는 사람이 많고, 시끄럽고, 어두운 장소를 좋아하지 않는다. 여러 사람이 말하는 소리가 귀에 크게 들릴 때 나도 모르게 긴장하는 것이 싫었고, 어두운 곳에 있노라면 공포 영화의 한 장면처럼 뭐라도 튀어나올 것 같아서 무서웠다. 다만 사람이 많고 어두운 장소가 내가 직접 공연하는 무대일 때는 무서운 감정은 사라지고 행복하고 뿌듯한 기분이 들었다.

살면서 불특정 다수의 누군가가 면밀하게 나를 바라봐 줄 일이 얼마나 될까. 무대에 서면 관객들이 나만 바라보는 것을 즐겼다. 무대에서 관객과 눈을 마주치는 것을 두려워하지 않았고, 내가 준비한 무대를 관객들과 나눌 수 있음에 감사한 마음이 좀 더 컸다. 잘하면 좋지만 잘하지 않아도 괜찮다고 생각하는 것도, 혼자서만 잘한다고 해서 좋은 무대가 완성되는 것이 아님을 알아가는 것도, 무대에서 실수하는 것 또한 공연의 일부라고 여겼던 것도, 전부 공연을 준비하면서 배울 수 있었다.

어떤 때는 합창으로, 어떤 때는 연극이나 뮤지컬로, 어떤 때는 춤으로, 주로 혼자보다는 사람들과 함께하는 형태의 무대를 선호했다. 지금은 음악이지만 나중에는 또 다른 무엇일 수도 있을 것이다. 알 수 없는 내일이 두려움이 아니라 설렘으로 다가올 수 있는 각자의 무대가 있다고 믿었다. 생각이 많아서 잠을 이루지 못했던 날들을 뒤로 하고, 내일의 설렘에 잠들지 못하는 날이 찾아오기를 간절하게 바라본다.

"열정적이고 싶을 때 어떤 가요 ♪"

<사기캐> UV, <FAST> 페퍼톤스, <surf boy> 혁오, <pop!> 나연, <lucky> 김형중, <니가 사는 그 집> 박진영, <봐라! 달이 뒤를 쫓는다> 불독맨션, <Destiny> 불독맨션, <혼자 추는 춤> 언니네 이발관, <내 사랑에 노련한 사람이 어딨나요> 장기하와 얼굴들, <Attention> newjeans, <가나다> 장기하와 얼굴들, <왜 그래> 김현철, <오르트구름> 윤하, <Forever I> 소녀시대, <Dilemma> 레인보우노트

@혜주

열정적이고 싶을 땐 역시 떼창 노래가 딱이야. 응원가처럼 힘이 나고 방방 띄며 부를 수 있는 노래 말이야. 바로 도겸(세븐틴)의 <GO!>는 노래야. 드라마 '스물다섯 스물하나'의 OST인 이 노래는 여기서 멈출 수 없으니 일어나서 나아갈 수 있도록 응원해 주는 듯해! 피곤한 몸과 뇌에 에너지를 낼 때 항상 이 노래를 듣고 힘을 내! / 추가 추천곡 : <기필코> 김동률, <나는 나비> 윤도현, <흰 수영 고래> 윤도현

@허준희

일할 때 집중을 높이기 위해서는 최애 가수 혹은 열정적인 순간 좋아했던 노래를 들어. 제주도에서 앨범 촬영을 하며 내내 들었던 임성현의 <아파서 미안해>는 들으면 힘이 나더라? 비 맞으며 열심히 일했던 순간이었거든. 그리고 요즘 최애 세븐틴! <아주 NICE>, <박수> 이런 노래 좋고, 부석순의 <파이팅 해야지 (feat.이영지)> 노동요로 추천해.

@김지선

드라마 OST 속에서 사랑과 행복을 찾는 나

 # 카푸치노의 달콤한 사랑 김범수 〈나타나〉 시크릿 가든

 여름 동안 푸르름으로 멋지게 서 있던 나뭇잎이 노랗고 빨갛게 물들어 바람을 타고 코끝에 가을바람을 불어 넣는 날이었다. 바람에 마음을 뺏기고 여름에서 가을로 옷을 갈아입는 단풍이 눈앞에 찬란한 가을 색을 뿜어대고 있었다. 보는 눈은 아름다웠지만 차갑게 느껴지는 바람에 외출을 망설였다. 그러다 코발트빛 가을 하늘과 흰 구름에 사로잡혔다. 추위에 민감한 난 모자를 눌러 쓰고 스카프로 목을 따뜻하게 감싼 후 옷을 주섬주섬 챙겨 입고 그이와 덕수궁으로 향했다.

 햇빛을 받은 은행잎은 황금색으로 빛났고 빨간 단풍잎은 여인의 립스틱 색처럼 매혹적이었다. 늦가을의 정취를 즐기려고 함께 나온 가족들, 삼삼오오 친구와 짝을 이루어

어여쁘게 단장하고 가을 풍경을 배경 삼아 인생컷을 찍고 있는 젊은 여인들에게 눈길이 머물렀다. 쉴 새 없이 하하 호호 웃음소리를 내며 마냥 즐거워 보이는 젊음이 좋아 보였다. 서로 사진을 찍어 주며 예쁜 가을을 카메라에 담고 있었다. 손을 잡고 사랑하는 사람과 함께 찍는 모습이 사랑스럽고 바라보는 눈빛이 아름다웠다. 나도 인파 속에 묻혀 그이와 예쁜 곳을 찾아 다니며 몇 컷의 사진을 찍고 고궁을 걸었다. 고궁을 걸을 때마다 난 뜬금없는 생각을 하곤 한다. 전생에 공주나 왕비가 아니었을까. 왕비가 된 기분으로 고궁을 걸었다. 석양으로 지는 해는 그림자를 길게 드리우고 있었다. 고궁 처마 끝에 석양빛이 내려앉으니 기와의 곡선이 한층 더 고운선을 자아냈다. 고궁은 가을 분위기와 묘하게 잘 어울렸다. 가을을 밀어내는 이른 겨울 공기가 차가워 손끝이 살짝 시리고 추워 옷깃을 여몄다.

"자기야 좀 춥네. 저기 커피숍 보이는데 커피 한잔할까? 그냥 가기 아쉽다."

"그래 그렇게 해."

"뭐, 마실래?"

"날씨도 춥고 많이 걸어서인지 지금은 아메리카노보다 카푸치노가 먹고 싶어."

카푸치노를 들고 연못이 보이는 창가에 앉았다. 석양 노을이 하늘을 오색빛깔로 곱게 물들었다. 따뜻한 카푸치노 한 모금을 마시니 얼었던 몸이 사르르 녹는 기분이었다. 우린 말 없이 가을 풍경 속에 빠져 있었다. 그이가 나를 보고 피식 웃으며 냅킨을 내밀었다.

"너. 입가에 거품 묻었어."

냅킨을 받으며 당황하거나 쑥스럽지 않았다. 손끝에 스파크가 튕기는 것도 아니었다. 찰나에 스치는 얼굴과 장면이 떠올랐을 뿐이다. 길라임(하지원)에게 키스하려고 다가오는 김주원(현빈)이 생각났다. 화면 속 김주원은 길라임에게 다가오며 이렇게 말했다.

"저 봐 저 봐 여자들은 왜 그래? 자기네끼리 있으면 안 그러면서 꼭 남자랑 있으면 입술에 크림 묻히고 모른 척하더라." 어머나! 어쩜 이렇게 멋있게 말할 수 있지. 눈은 말하는 화면 속 김주원에게 고정되어 있었다. 보는 내가 두근거렸다.

시크릿가든 드라마에 푹 빠져있을 때 김주원의 말은 가슴 떨리게 좋았다. 길라임에게 무심하듯 던지는 대사들이 다 마음에 와서 콕콕 박혔다. 김주원의 주옥같은 대사는 죽어있던 연애 세포를 소생시키며 20대 연애하던 시절을 생각나게 했다. 바라만 봐도 옆에만 있어도 가슴 뛰게 설레었던 시절과 순간이 있었다.

시크릿 가든 인기는 쉽게 식을 줄 몰랐다. 긴 머리와 애교 철철 넘치는 여자의 이미지를 길라임식 커트 머리와 건강미 넘치는 여자로 길라임이 다했다. 드라마가 히트하면 많은 것이 유행한다. 특히 여자 배우가 하고 나오는 의상 액세서리 가방 신발 등 그땐 나조차 길라임이 되고 싶었다. 긴 머리를 싹둑 자르고 길라임 표 헤어스타일로 바꿨다. 나름대로 운동도 열심히 했다. 드라마가 흥행할 때는 여배우 패션이 유행하는데 시크릿 가든이 시선을 끈 또 하나의 이유는 남자 패션이 등장한 것도 한몫했었다. 트레이닝 복으로 김주원(현빈)이 반짝이 옷을 입고 나와 이태리 장인이 한 땀한 땀 정성껏 만들었다는 대사는 어린이부터 어른까지 유행어처럼 따라 할 정도였다. 개그프로나 오락프로에서 패러디하는 경우도 많았다. 종방이 된 드라마들 중 인기를 누렸던 드라마는 종종 지상파 방송에서 재방을 할 때가 있다. 난 본 것을 또 보고 또 봤다. 재방을 본방송처럼 빨려 들어가듯 보고 있으면 아들이 한 마디 툭 던졌다.

"엄마, 대사 다 외우겠다."
"다시 봐도 재미있는 걸 어떻게."

시크릿 가든을 보고 있으면 그이와 연애하던 시절로 되돌아간 기분이 들었다. 평생을 함께할 사람이라면 사랑이 있어야 그 사람과 오래 갈 수 있다 믿었다. 사랑에 빠진 주원이 길라임을 생각하며 나오는 OST 음악은 드라마를 한층 돋보이게 만들었다. OST 곡 중 김범수 〈나타나〉는 길라임과 김주원이 서로 떨어져 있으며 알아가는 과정에서 문득문득 생각하는 장면에서 함께 어우러지며 사랑받았던 곡이다. 드라마가 종영되고 꽤 시간이 지났어도 노래를 들으면 장면 하나하나가 어제 본 드라마처럼 주마등을 스치듯 지나갔다. 길라임이 발목을 잡고 김주원이 잇몸을 일으키며 "길라임은 언제부터 예뻤나?" 눈길을 걸을 때 머릿속에 떠도는 길라임이 나타나 현빈과 발을 맞추며 걷는 장면 등 수많은 장면이 노래와 함께 떠올랐다.

냅킨으로 입을 닦으며 실없이 웃자 그이가 물었다. "뭐 기분 좋은 일이라도 있어?" "그냥……" 말하고 싶지 않았고 속마음을 들키고 싶지 않았다. 혼자만 설레며 간직하고 싶었다. 말을 하는 순간 현실 부부로 돌아갈 것 같았다. 지금 이 순간의 기분에서 깨고 싶지 않았다. 이팔청춘의 설레던 기분만큼은 아니지만 오늘만큼은 연애하던 기분을 유지하고 싶었다. 데이트하고 헤어질 때 헤어지기 싫어, 못내 아쉬워 집 앞을 몇 번을 돌고 돌았던 때가 생각났다. 이 남자가 아니면 안 될 것 같아서 밤새 울었던 내가 생각나서 쑥스러웠다. 헤어지기 싫어 함께 시간을 공유하고 싶어 결혼한 남자다.

카푸치노로 따뜻해진 몸은 쉽게 식지 않았다. 커피숍을 나와 덕수궁 돌담길을 그이와 걸었다. 그의 팔짱을 끼고 나는 하지원처럼 그이와 돌담길을 걸으며 김범수의 〈나타나〉를 흥얼거렸다. '내 눈앞에 나타나 네가 자꾸 나타나' 발걸음이 가벼웠다. 연애 시절 내 눈앞에 자꾸만 나타났던 남자와 이 길을 걸어가고 있다. 가을 햇빛에 발갛게 물든 단풍잎처럼 내 얼굴은 홍조를 띠고 있었다. 연애 때처럼 내 손을 그의 주머니에 넣었다. 손이 따뜻했다. 몸에 추위도 가셨다. 그이와 사랑을 속삭일 때 했던 말이 생각났다. "우리 평생 연애하는 연인처럼 살자." 늦가을 저녁 바람이 차갑다. 주머니 속 온기를 느끼며 내 눈앞에 자꾸 나타났던 사람과 함께 걸을 수 있어 행복했다.

 # 첫눈에 반한 사람 신효범 〈사랑하게 될 줄 알았어〉
슬기로운 의사생활

어린이날과 주말 연휴, 황금 같은 시간이 주어졌다. 그이와 여유롭게 2박3일 여행을 갈 계획이었다. 날씨가 우리의 여행을 방해했다. 많은 비가 온다고 했다. 갈까 말까 망설였다. 비는 나를 이불 속에 가두었다. 쉬는 날 비까지 오니 일어나기 싫었다. 손을 뻗어 머리맡에 있는 핸드폰을 더듬더듬 찾아 라디오를 켰다. 비의 장난일까. 노래가 귓속으로 빨려들듯이 들려 왔다. '사랑하게 될 줄 알았어 우리 처음 만난 그날에' 아, 신효범이다. 슬기로운 의사생활 드라마가 방영될 때 하루 종일 머릿속을 떠나지 않고 입에서 맴돌았던 노래다. 구간 반복을 하듯이 이 부분만 부르고 또 불렀다. 드라마 속 OST가 불러온 나비효과였다. 시원시원하게 노래하는 신효범을 좋아했다. 따라 부르기 어려워 듣는 것에 만족해야 하는 버거운 곡이다. 잊고 있던 곡이 드라마를 통해 귀에 꽂히니 계속 따라 부르게 되었다. 사랑하게 될 줄 알았다는 말 그것도 처음 만난 그날에. 이 가사가 꽂히는 것은 처음 보았던 그 사람을 사랑하게 되었기 때문이다. 첫눈에 반한다는 말, 내 사람이라는 말을 그를 보며 실감했다. 잘생긴 외모에 훤칠한 키 미소년 같은 미소를 띠고 웃고 있는 그 사람을 노래 가사처럼 처음 본 순간 사랑하게 된 것이다.

사랑의 감정을 잊고 있었다. 노래의 한 소절이 다시 가슴 뛰게 했다. 드라마 로맨스 장면은 사랑이라는 감정이 메말라 있을 때 심장이 말랑말랑해지게 단비를 내렸다. 중년의 마음을 흔들어 놓았다. 드르렁 코골이를 하며 내 옆에서 잠자고 있는 그이 얼굴을 한 번 더 보게 했다. 중년 남자가 되었지만 여전히 잘생김과 멋짐이 남아있다. 아직 내 안에 사랑이 남아 있음에 괜히 수줍어졌다.

드라마 속 여러 커플 중 익준(조정석)과 송화(전도미) 커플을 좋아했다. 사랑과 우정 사이에서 티키타카 하는 장면이 심쿵하게 했고 서로 아끼고 배려하는 마음이 예뻤다. 사랑하지만 가까이 가지 못하는 마음이 아쉽고 안타까워 빨리 커플이 되기를 소원하며 2탄을 기다렸다. 2탄을 기다리며 가장 보고 싶었던 인물은 익준의 외아들 우주(김준, 1탄 때 7살)였다. 바가지 머리에 귀여움을 뿜어냈던 우주를 잊을 수 없다. 1탄에 이어 2탄도 성공작이었다. 드라마가 방영되는 목요일은 약속도 잡지 않았다. 보고 싶은 사람을 그리워하듯 기다리는 드라마였다. 슬기로운 의사생활 드라마에 빠진 이유는 두 가지였다.

하나는 병원에서 벌어지는 에피소드지만 병원답지 않았고 병원 안에 사람 냄새 나는 휴머니즘과 곁들여진 사랑과 우정이 마음을 훈훈하게 했다. 또 하나는 드라마가 끝나갈 무렵 일을 끝내고 5인방이 모여 밴드 모임을 하며 노래 부르는 것이 인상적이었다. 일할 때는 전문의 의사답게 멋졌고 노래를 부를 때는 인생의 멋을 좀 아는 의사들 같아 좋았다. 보컬 익준을 기준으로 기타 치는 송화와 준완, 키보드 석형, 드럼 정원. 드라마 속 밴드 음악은 5인방과 나에게 피로 회복제 같은 역할을 했다.

노래 부르는 익준이 멋있기도 했지만 기타와 드럼 키보드 치는 5인방을 보며 악기를 배우고 싶어졌다. 악기 배우기 도전기로 처음에 기타 학원에 등록했다. 기타는 보는 거와 다르게 코드 잡기가 어려웠고 손가락이 너무 아파 중간에 그만두었다. 집에 있는 피아노가 놀고 있으니 그것도 몇 번 건반을 두들겨 보았다. 마음 따로 손 따로 놀았다. 남은 것은 드럼인데 언젠가 기회가 되면 배워보고 싶은 악기 목록에 적어두었다. 내 삶에 있어 음악이 없는 세상을 생각해 보지 않았다. 음악은 비타민 같은 존재로 힘들고 기쁠 때 늘 함께하며 위로받는 친구였다. 음악이 없다면 사이다에 물 탄 듯 톡 쏘는 맛없이 맹숭맹숭할 것 같다. 영화와 드라마를 극대화하기 위해서는 음악이 꼭 필요하다. 음악은 말로 전할 수 없는 감정을 음표와 음표 사이에 가사와 가수의 목소리가 더해져 마음을 뒤흔드는 마법의 힘을 갖고 있다. 음악이 있어야 할 곳에 곡조가 없다면 김빠진 사이다 맛이다. 사랑에 로맨틱이 빠지면 사랑이 아니듯 음악이 그렇다.

창문을 두드리는 빗소리가 우렁차다. 바람도 세차게 분다. 이런 날은 이불 속이 따뜻하고 편안하다. 여행은 못 갔지만 음악과 함께 하니 편안한 쉼이 되어 좋다. 〈사랑하게 될 줄 알았어〉 노래를 이불 속에서 듣고 부르니 방 안의 공기가 사랑으로 가득하다. 슬기로운 의사생활 OST 노래가 더 부르고 싶어졌다. 비가 그치면 노래방에 가서 한 곡 불러야겠다.

 # 세월을 거슬러 김민종 〈아름다운 아픔〉 신사의 품격
불혹의 나를 통과하고 있을 때였다. 세상일에 정신을 빼앗겨 갈팡질팡하거나 판단을 흐리는 일이 없게 되었다 하여 불혹인데 난 흔들리고 있었다. 나를 흔든 것은 다름 아닌 신사의 품격이라는 드라마였다. 네 명의 신사는 꽃중년으로 돌아온 장동건, 김민종, 이종혁, 김수로다. 그들은 나이

를 먹었어도 중년의 멋스러움이 녹아있었다. 비슷한 시대를 살아 온 동질감은 나를 TV 앞으로 끌어당겼고 드라마 속으로 빠져들게 하는 마력이 있었다. 오랜만에 드라마에 등장한 장동건과 여전히 예쁜 김하늘의 캐미를 보는 재미도 쏠쏠했다.

김민종의 등장은 10대의 나를 소환하기에 충분했다. 김민종 손창민은 전성기 시절 소녀들에게 인기몰이하는 오빠들이었다. 지금은 좋아하는 연예인을 굿즈로 만난다면 그때의 인기 척도를 알아보는 것 중 하나가 책받침 사진이 있었다. 당대 여신들이 남성 팬들을 쥐고 흔들 때 여신들에게 밀리지 않는 인기로 드라마와 노래로 상승세를 탔다. 더 블루 〈그대와 함께〉 '그대여 나의 눈을 봐요~~' 첫 소절만 들어도 떼창이 가능한 노래다. 세월이 흘렀어도 꽃다운 중년의 멋을 뿜어내는 민종 오빠를 보는 것만으로도 젊음이 되살아났다.

드라마 속 최유(김민종)은 친구 임태산(김수로)의 동생 메아리(윤진이)를 사랑한다. 친구와의 우정을 지키기 위해 그녀를 떠나보내려다 공항으로 달려가 떠나는 그녀를 잡고 친구에게 가서 말한다. "천 번을 생각했고 죽어라 참았는데 메아리가 떠난다는 말을 듣는 순간 세상이 끝날 것 같더라." OST 김민종 〈아름다운 아픔〉을 들으며 이별에 아픔이 어떻게 아름다울 수 있을지를 가늠해 보았다. 얼마나 사랑하면 이별조차 아름다울 수 있을까. 자유롭게 더 지내도 괜찮다고 말할 수 있을까. 정말 지독한 사랑 같다. 헤어지는 남자는 자기 자신보다 그녀를 사랑했기에 괜찮다니 눈물 나게 하는 아름다운 이별이다. 드라마는 해피엔딩으로 끝났지만 새드엔딩이었다면 진짜 가슴 찢어지는 이별이다.

꽃보다 중년 네 신사는 불혹의 나이인 나를 흔들었다. 삶을 살아가며 바람에 흔들리거나 꺾여 버리면 안 되지만, 가끔은 드라마를 보며 흔들리는 낭만에 젖어 보는 것도 괜찮다. 현실 속에서 있었으면 하는 바람을 드라마가 대신해 주기에 대리만족 같은 거다. 신사의 품격은 나의 10대 시절 사랑했던 그 사람을 떠오르게 했고 지금의 나도 사랑하게 하는 드라마였다.

드라마에 빠져 있는 나를 그이가 불러 깨운다. 어서 씻고 출근 준비하자고 한다. 그이는 이미 출근 준비를 마친 상태다. 낮 햇살이 창을 드리우고 커튼이 바람에 살랑거렸다. "아, 이런 날 출근이라니." 노래 들으며 쉬고 싶다는 생각에 일하러 가기 싫어 입을 삐죽 내밀고 욕실로 갔다. 옷을 입고 출근 준비를 서둘렀다. 운동화를 신고 귀에 에어팟을 끼고 신사의 품격 OST 곡을 눌렀다.

퇴근이 늦은 날이 많은 나는 집에 들어와 저녁을 먹으며 10시대 방영하는 드라마를 즐겨본다. 하루 종일 피로로 쌓인 스트레스를 드라마를 보며 방전된 몸을 충전한다. 드라마는 나에게 있어 쉼을 할 수 있는 시간이다. 드라마가 끝나고 나면 드라마의 여운을 느끼기 위해 OST 곡을 즐겨 듣는다. 드라마의 OST는 그 드라마를 한층 돋보이게 만들고 오래 기억하게 만든다. 드라마에 빨려들게 만들고 몰입하게 한다. 중요한 장면에 음악이 깔리면 환상적인 분위기를 자아내며 황홀하게 만들어 주는 것이 음악이 가진 힘이다.

내가 가장 열정적이었던 순간

〈마냥 걷는다〉

"음악 외에 관심 있는 것 중에 돈 버는 일에 도움이 될 만한 건 영어밖에 없었어요."

직장 생활을 하던 중, 한 예능 프로그램에 가수 '장기하' 씨가 출연했다. 방송이면 본인을 포장하는 말을 할 법도 할 텐데, 먹고 사는 데 도움이 될까 싶어서 영어 공부를 열심히 했다고 말하는 사람이라니. 그가 만든 노래가 궁금해졌다. 마침 밴드 '장기하와 얼굴들'의 단독 콘서트가 예정되어 있었다. 그들의 노래는 1집 음반의 〈싸구려 커피〉 정도만 알았기에 1집과 2집의 수록곡을 예습하고 공연장을 찾았다. '장기하와 얼굴들'은 그 해 음반을 발매하지 않았지만 콘서트는 한다고 했다. 팬들이 친구처럼 가까이 있어 줘서 고맙단 생각에 대화라는 걸 나눠보려고 공연을 하기로 했단다.

생각해 보면 밴드 공연을 처음 본 것도 아닌데 그날 공연장에서 밴드 '장기하와 얼굴들'에게 반했다. '장기하' 씨는 친구들에게 주저리주저리 이야기를 들려주는 것처럼 편하게 노래를 불렀다. 노래를 잘 부른다기보다 말하듯이 노래를 부르는 모습이 멋있기도 했지만 재미있기도 했다. 보컬의 진두지휘하에 잘 모르는 노래의 후렴구를 따라 부르는 것도, 노래에 맞춰서 박수를 치며 함성을 외치는 것도, 자리에서 일어나 어깨를 들썩이는 것 전부 다 '장기하의 얼굴들'과 공연장을 찾은 관객이 함께 만들어 가는 무대였다.

밴드 음악이라고 하면 때리고 부수는 노래만 할 것 같지만 그들의 음악 중에는 굳어있던 마음을 잔잔하게 녹여주는 곡이나 지친 마음을 담담하게 위로해 주는 노래도 있었다. 공연장에서 들었던 노래 중에 〈마냥 걷는다〉와 〈그때 그 노래〉는 지금도 모닝콜로 사용 중이다. 알람이 울리면 눈을 감은 채로 노래를 감상하며 잠에서 깬다. 단잠을 자고 일어났을 때 좋아하는 아티스트의 목소리를 바로 듣는다? 그곳이 바로 팬미팅 현장이 되는 셈이다.

〈긴긴밤〉
밴드 음악에 심취했던 어느 날, '블루파프리카'의 〈긴긴밤〉을 알게 되었다. 새로운 노래를 들을 때면 가사에 담긴 주인공을 상상해 보곤 한다. 대부분 노래를 부르는 입장에서 가사를 곱씹어 보지만 가끔은 노래를 듣는 입장에서 상대방이 나에게 하고 싶은 말이 어떤 내용이었는지를 생각해 보곤 했다. 〈긴긴밤〉에서 말하는 '나'는 그대에게 다시 돌아가겠다고 말하는 나였는지, 아니면 홀로 남겨진 '그대'였을지 상상하며 노래를 듣다 보니 시간이 가는 줄 몰랐다. '장기하와 얼굴들'과 마찬가지로 '블루파프리카' 또한 보컬의 가사 전달이 명확한 편이라 노랫말이 귀에 쏙쏙 들어왔다.

처음 〈긴긴밤〉을 들었을 때 보컬과 기타 파트가 각각 다른 사람인 줄 알았다. 코러스에서 베이스가 노래를 부르고 보컬의 화음이 들어가는데, 일렉트릭 기타 연주와 화음이 흐트러짐 없이 전개되어서 당연히 보컬과 기타가 다른 사람일 것이라 예상했다. 그런데 공연 영상을 찾아보니 보컬이 기타를 치면서 노래하는 모습이 나왔다. 지금은 4인조 밴드로 재편했으나 얼마 전까지는 보컬 및 기타, 베이스, 드럼으로 구성된 3인조 밴드였다. 여느 밴드들이 투 기타 체제나 건반을 포함하는 4인조 이상으로 구성된 경우가 많지만 그들은 3인조였을 때도 곡의 구성과 연주가 탄탄한 편이었다.

〈긴긴밤〉을 공연장에서 보고 싶었지만 코로나 팬데믹으로 인해 호흡기 증상의 유무와 관계없이 마스크 착용이 필수였고, 사회적 거리두기 정책으로 인해 다수의 사람이 모일 수 없었다. 사회적 거리두기가 완화되어서 공연장에 관객 동원이 가능하게 되었을 때 그들의 단독 공연 소식이 들려왔다. 마스크를 착용하고 공연을 관람하는 것은 가능하지만 함성을 외칠 수는 없던 때였다.

밴드 음악은 현장에서 밴드와 관객이 함께 소리치며 호흡하는 게 매력인데, 노래를 따라 부를 수도 없고 박수만 쳐야 한다니. 그럼에도 코로나 팬데믹이 언제 끝날지 모르는 상황에서 가뭄 끝 단비 같은 공연 소식이었기에 드럼 세트가 잘 보이는 쪽으로 좌석을 예매했다. 드럼뿐만 아니라 보컬 및 기타, 베이스의 모습도 한눈에 들어왔고 현장에서 만난 '블루파프리카'는 영상에서 만난 것보다 좀 더 농익은 모습이었다. 20대 후반이었던 밴드가 30대 중반이 되어서 눈앞에 나타났고, 그 시간만큼 음악적으로 좀 더 성장한 것 같았다. 공연이 끝나갈 무렵 드디어 〈긴긴밤〉이 나왔다. 나도 모르게 핸드폰을 꺼내 촬영하는데 나뿐만 아니라 관객들 대다수가 촬영하는 모습이 인상 깊었다. 관객들 대부분이 〈긴긴밤〉은 언제쯤 나올까 싶어 기다렸던 것 같고, 촬영하는 것을 제재하는 사람이 없는 것도 신기했다.

〈겨울 탓〉

기타와 드럼을 배우고 있을 때 '블루파프리카'의 음악을 알게 되었고, 그들의 노래를 드럼으로 연주해 보고 싶었다. 다행히 악보 사이트에 〈긴긴밤〉 드럼 악보가 있었다. 〈긴긴밤〉을 연습하고 난 이후, 나머지 곡은 당시 내 실력으로 완주할 수 없을 것 같아서 연주할 수 있을 만한 곡으로 드럼 학원 선생님이 채보(음악을 듣고 연주할 수 있도록 악보로 옮겨적는 것)해 주셨다.

연주하고 싶은 곡이 있을 때마다 선생님께 채보를 부탁

드리기 미안한 마음과 직접 채보를 해보고 싶은 욕심에 악보를 그리는 프로그램의 사용법을 배우기로 했다. "너는 네가 하고 싶은 거 다 하고 살 거야?"라고 묻는다면 "아니, 그래도 재미있어 보이는 건 직접 해보고 싶어."라고 답할 수 있겠다. 프로그램은 생각보다 다루기 쉬웠다. 음악 시간에 보던 오선지에 마우스를 클릭하면서 음표를 채워 넣으면 악보가 완성되는 프로그램이었다.

다음 과정은 음악을 들으면서 드럼 연주 소리만 귀로 골라내는 작업인데 이게 만만치 않은 일이었다. 드럼의 심벌 종류마다, 북 종류마다 소리가 달랐고, 곡을 반복해서 들어도 그 소리를 구분하기 어려웠다. 드럼에서 오른쪽 발로 연주하는 베이스 드럼 소리와 노래에서 둥둥둥 거리는 베이스 기타 소리가 비슷하게 들렸다. 연주자의 왼편에 위치한 하이햇 심벌을 열고 닫는 소리인지 오른편에 위치한 라이드 심벌 소리인지 헷갈리기도 했다. 소리뿐만 아니라 박자를 옮겨 적는 것도 생각보다 쉽지 않았다. 어찌어찌 귀로는 들리는데 오선지에 어떻게 그려야 할지 몰라서 멍하게 노트북 화면만 쳐다본 적도 있었다.

'블루파프리카'의 노래 중에 직접 채보할 수 있을 만한 곡을 찾기 시작했다. 어떤 곡은 너무 빨라서, 엇박자가 많아서, 이건 그냥 봐도 어려워 보이고, 저건 너무 단순해서 채보하는 의미가 무색할 거 같고. 채보가 가능한 곡을 찾는 작업인지 불가능한 곡을 제거하는 건지 헷갈리던 차에 유튜브 공식 채널 '파프리카 라이브'(코로나19 감염병 이후 사회적 거리두기 정책으로 인해 블루파프리카 멤버들이 각자의 연습실이나 집에서 연주한 것을 녹화 및 편집한 영상) 중 〈겨울 탓〉이 눈에 들어왔다. 다른 노래보다 드럼 연주가 복잡하지 않아 보였고, 그들이 코로나19 감염병 상황에서 음악의 끈을 놓지 않는 모습을 볼 수 있어서 〈겨울 탓〉을 채보하기로 결정했다.

〈겨울 탓〉을 수없이 반복해서 들으면서 3일에 걸쳐 한 땀 한 땀 악보를 그렸다. 처음에는 큰 갈래 정도로만 기본 박자를 그린 후에 복사 & 붙여넣기를 하고, 이후에 상세하게 검토하면서 곡의 느낌을 재현하려고 했다. 처음 해보는 작업이다 보니 귀로 듣고 채보하는데 한계가 있어서 〈겨울 탓〉을 연주한 영상 자료를 검색해 보았다. 드러머가 곡을 연주하는 장면을 눈에 담으면서 드럼 소리에 귀를 기울였다. 영상 자료는 연주할 때마다 미세한 부분이 달라서 결국 음반으로 녹음된 곡을 차분하게 들으면서 드럼 악보를 완성했다. 악보를 출력한 뒤 최종 점검 차원으로 원곡과 다른 곳이 있는지 살펴보았다. 완성한 악보는 드럼 선생님께 검토를 부탁드렸다. 음반 버전이 아니라 '파프리카 라이브' 버전으로 채보했다고 말씀드렸다.

"보은 씨, 제가 이상한 부분은 다듬었어요! 좀 틀린 곳이 있는데 귀로 듣고 이 정도 했으면 대단해요! 처음 치고는 어려운 곡을 한 듯한데 잘했어요."

내친김에 〈겨울 탓〉을 2주 정도 연습을 하고, 연주하는 모습을 촬영하기로 했다. 선생님이 촬영하고 편집한 영상에 내가 가사와 곡 정보에 대한 자막을 넣어서 최종 영상을 완성했다. 드럼 악보를 채보해 보니 이전보다 음악이 풍부하게 들리기 시작했다. 이전에는 전혀 들리지 않았던 악기의 소리를 구분하게 되면서 음악을 들을 때마다 어지러울 지경이었다. 하루는 드럼 부스에서 〈긴긴밤〉을 연주하는데 베이스 기타 소리가 풍부하게 들려서 내가 예전에 들었던 곡과 다른 노래처럼 느껴졌다. '장기하와 얼굴들'의 노래도, 다른 가수들의 노래도 드럼을 포함한 다른 악기들의 소리가 더욱 잘 들리기 시작했다.

앞의 과정을 반복하다 보니 '블루파프리카'의 노래는 6곡 정도, '장기하와 얼굴들'의 노래는 2곡 정도로 드럼 악보를 완성하게 되었다. 스스로 좋아서 하는 작업의 결과물로 칭찬을 받는 게 이렇게 행복한 일이었던가. 드럼 악보를 제대로 읽을 줄도 몰랐는데 이제는 노래를 들으면서 채보를 하다니!

마음이 어지러울 때 '블루파프리카'를 알게 되어서 그랬는지, 아니면 그들의 음악이 아름다운 것이나 사랑하는 마음 같은 감정을 동화처럼 표현해서 그런 건지 모르겠지만 마음이 어둡고 힘들 때 '블루파프리카'의 노래를 들으면 구겨진 마음이 조금씩 펴지곤 했다. 마음이 구겨진다는 건 무겁고 어려운 일이었다. 한 번 구겨진 마음은 다림질을 해도 쉽게 펴지지 않았다. 어떤 이들은 현실과 동떨어진 소설 같은 이야기 아니냐고 할 수도 있겠지만, 가끔은 동화 속 주인공이 되어보는 상상만으로도 무거웠던 마음이 조금은 가벼워질 수 있었다. 드럼 악보를 채보하면서 그들의 음악으로 마음을 채웠고, 그렇게 채워진 마음으로 하루를 버티는 힘을 키울 수 있었다.

〈새해 복〉

'장기하와 얼굴들'의 단독 콘서트를 계기로 밴드 음악에 관심을 갖게 되었고, 그러다 기타와 드럼을 배우게 되었다. 처음 배운 악기는 기타였지만 시간이 지날수록 드럼이 더 재미있었다. 아마도 나는 줄을 튕기는 것보다 북을 두드리는 것을 더 편하게 여겼던 것 같다. 튕기는 것은 어렵고 계산적인 일처럼 다가왔지만 두드리는 것은 제법 신나고 재미있는 일이었다. 좀 더 현명하게 줄을 튕길 수 있기를 바랐고, 좀 더 확신을 가지고 새로운 북을 두드릴 수 있기를 바랐지만 생각을 곱씹느라 잠을 이루지 못하는 날이 잦았다. 그럴 때 호기심을 갖고 용기를 내어 내가 두드렸던 사람과 음악이 나를 살아가도록 만들었다. 직접 두드려서 얻은 것들이 나뿐만 아니라 주변을 이롭게 도울 수 있기를 희망했다. 스스로를 돌보지 못했던 시간에도 음악은 곁에 있었고, 이 또한 지나가는 과정이라고 여길 수 있었던 것은 나를 살펴주던 사람들과 나의 마음을 두드리는 노래가 있었기 때문이지 않았을까.

나는 입으로는 대충 살자고 말하지만 누구보다도 열정적으로 살아왔다. 드럼을 연주하고 악보를 채보하는 과정이 먹고 사는 데 도움이 되는 일은 아니었다. 돈 버는 일을 제외하고 관심 있는 일 중에 음악적 성취감을 채우는 데 도움이 될 만한 일이 밴드의 공연장을 찾아가고, 드럼을 연주하는 것이었다. 밴드 음악을 몰랐던 삶이 생각이 나지 않을 정도로, 조금만 더 빨리 드럼을 배웠더라면 어땠을까 싶을 정도로, 음악과 함께하면서 좀 더 삶을 열정적으로 대할 수 있었다.

"여러분, 열심히 사세요. 열심히 살아도 될까 말까 한 게 인생입니다."
'장기하와 얼굴들'의 〈새해 복〉 뮤직비디오 中

소심했던 소년이 대범했던 소녀를 만나다

 # 소년의 어린 시절

소년의 어린 시절은 불안의 연속이었다. 아버지의 고함소리는 때와 장소를 가리지 않고 울러 퍼졌고, 소년의 종아리는 이유 없이 걷어 올려진 채, 아버지의 기분이 풀릴 때까지 맞아야만 했었다. 이유는 없었다. 대항할 힘이 없던 어머니는 소년의 멍이 든 종아리를 바라보며 한없이 눈물만 흘리시곤 했었다. 그렇게 반복되는 일상의 패턴은 소년의 중학교 시절까지 지속이 되었다. 그 소년은 술만 드시면 180도 변하시는 아버지를 피해 이집 저집으로 피해 다녀야만 했다. 왜 그래야만 하는지 이유도 알지 못 한 체 그래야만 했었다. 그 소년의 집은 가난했었다. 1980년대에 문명의 발전 속에서 동네는 문명화가 단계적으로 일어났던 시기였지만, 유독 소년의 집만 문명과 동떨어진 채 오지 생활의 모습을 유지하고 있었다. 동네에 TV가 들어오고 전화기가 들어오고, 각종 전자제품 들이 하나둘씩 자리매김을 하고 있을 때 소년의 집은 그렇질 못했었다. "왜 우리 집만 이렇지?", "다들 문명의 혜택 속에 풍요로움으로 가득한데, 왜 우리 집은 그러질 못했을까?". 그땐 너무 어렸기에 소년은 이유를 알 수가 없었다. 지금 돌이켜 그때를 생각해 보면, 결론은 '돈이 없어서'라는 걸 쉽게 알 수 있지만, 그때 소년은 너무 어렸었다. 그래서였을까? 자신감이 없었고, 항상 남의 눈을 의식하며, 자신을 바라보는 눈빛들을 피하는 자신감 없는 소년의 모습으로 정형화되었던 것 같다. 소년에게도 질풍노도기의 청소년 시절은 있었다. 소년도 이런 환경에서 벗어나고자 하는 일탈의 생각들을 많이 했었다. 그러나 자신만을 바라보며 사시는 엄마를 외면할 수가 없었기에 참아야만 했었다. 그래서 소년은 자꾸 안으로 움츠러들고 마음의 문을 닫고 소심하게 자랐다.

소년의 첫사랑

그런 환경 속에서의 삶으로 인한 소심함 때문에 소년은 친구들과의 어울림이 부족한 고등학교 시절을 보냈다. 그러던 중 그 소년에게 새로운 삶이 파노라마처럼 다가왔다. 친한 친구와 사촌인 소녀를 알게 된 것이다. 쑥스러워 말도 잘 못했던 소년에게, 활기 있고 밝은 모습의 소녀가 어느 순간부터 눈앞에 자주 모습을 드리웠다. 황순원의 소설 '소나기' 여자 주인공처럼 촌스럽지 않고, 세련된 도시 소녀 같은 그 아이가 어느 순간부터 소년의 머릿속에 깊이 맴돌기 시작했다. 함께 하는 시간이 늘어나고, 추억들도 늘어나고, 그러면서 서로의 마음을 조금씩 알아가면서 애틋한 감정들도 쌓여만 갔다. 순수했던 소년의 마음 한켠 추억이 앨범처럼 늘어났다.

    학교 정문 바로 앞 가게(점방)는 항상 아이들로 인산인해를 이뤘다. 그곳에 그 아이가 살고 있었다. 그 시절 소년에겐 도시 중심, 마천루같이 높이 솟은 건물에 살고 있는 세련된 도시 소녀의 모습으로만 보였다. 시골은 밤이 빨리 찾아온다. 별들로 총총총 수놓아진 시골의 밤하늘의 매력적인 풍경은 경이로움 그 자체이다. 밤하늘 별빛 속에서 두 마리의 토끼는 오늘도 변함없이 자신들에게 주어진 임무 완성을 위해 열심히 절구 방아를 찧고 있을 때, 어린 왕자 속의 등불 지기가 자신의 임무를 위해 찾아온다. 하루를 열심히 불태웠던 태양이 하루의 일과를 마치고 집으로 향할 때쯤, 시간 맞춰 등불 지기는 자신의 하루 업무를 위해 성큼 다가와 온 세상 가로등에 생명을 불어넣는다. 이 시간 시골은 고요함 속으로 빠져드는 시간이다. 겹겹이 페인트로 덧칠해진 빛바랜 초록색 대문 너머 소녀의 방안에서 등불 지기가 밝혀 놓은 불빛이 빼꼼히 머리를 내민다. 모두가 하루의 고단함을 꿈나라에서 씻어내기 위해 잠을 청할 이 시간이, 둘의 은밀한 만남의 시간인 것이다. 소년은 가로등 불빛 아래에 놓여있는 자그마한 조약돌을 주워 소녀의 방 창문을 향해 던진다. "톡톡톡…데구르르르" 창문 옆으로 살포시 신호처럼 조약돌의 구름과 동시에 활짝 열린 창문틀 사이로 그 소녀의 환한 미소가 보인다. 들어오라는 신호인것이다. 우린 서로 음악 듣는 코드가 비슷했다. 그 시절 우리에겐 최고의 가수는 이선희였다. <알고 싶어요>. <나 항상 그대를>, <아! 옛날이여>, <갈등>, <J에게> 수많은 히트곡을 쏟아내었던 우리의 최고의 가수. 커다란 뿔테 안경에 뽀글뽀글 단발머리에 치마가 아닌 바지를 입고 시원하게 소리를 내지르며 혜성처럼 나타났던 이선희. 가식적이지 않게 자연스러운 모습과 친근한 모습에 첫 등장부터 우리는 그 가수에게 홀릭 했었다. 그 아이와 함께 할 때면 항상 이선희의 노래는, 소년과 소녀의 귀에 꽂힌 이어폰을 통해 전율처럼 스며들며 두 영혼을 하나로 이어 주곤 했다.

'달 밝은 밤에 그대는 누구를 생각하나요?' 이선희의 <알고 싶어요>. 그 당시 이 노래가 나올 때면 항상 이선희의 선창 뒤엔 약속이나 한 듯이 모두가 외쳤던 대목이 있다. '달 밝은 밤에 그대는 누구를 생각하나요?' 소절 뒤엔 약속한 듯 외쳤던 그 한마디, "언니요! 누나요!". 그날도 변함없이 수면제처럼 달콤한 이선희의 목소리가 하루의 고단함을 잊게끔 스르륵 둘의 눈꺼풀 위로 살포시 자리함과 동시에, 둘은 어깨를 기댄 채 꿈속으로 향했다. 몇 분, 몇 시간이 지났을까? 스르륵 창문이 열렸다. 화들짝 놀란 둘의 눈은 소리가 나는 곳으로 향했다. "아 뿔 싸" 호랑이보다 더 무섭기로 소문이 나 계시던, 그 소녀의 할아버지가 무서움 그 자체의 아우라를 풍기시며 우리 둘 앞에 서 있는 거였다. 생각지도 못했다. 정말 꿈이길 바랐다. 그 시절 시골 어른들에게 '야밤에 두 남녀가 함께 있는 모습은 바로 결혼'을 의미했다. "당장 내일 아침에 너희 집에 가자! 너희 집이 어디냐?" 청천벽력 같은 할아버지의 불호령이 떨어졌다. 그 상황에서 소년이 할 수 있는 건, 울며불며 애원하듯 상황 설명을 하고, 넘기는 수밖에 없었다. 다행히 소년의 집으로 향하는 두려운 상황은 일어나지 않았지만, 순수하고 어설펐던 두 아이의 순수했던 사랑의 추억은 그렇게 한동안 악몽과 같은 시간 들의 연속으로 치달았다. 당황스럽고, 혼란스러운 시간이 순식간에 흘러, 그 소년은 학교를 졸업하고 자연스럽게 헤어지게 되었다.

소년과 소녀 7년 후 성인이 되어 다시 만나다

어린 시절 추억의 앨범 속에 남아 있는 한 장면처럼, 문득문득 그때 그 일을 떠 올리곤 했지만. 찾아볼 마음에 여유는 없었다. 사회라는 거대한 틀 속에서 자신의 꿈을 위해 발버둥 치듯 바삐 살아가야 하는 삶 속에서, 한 컷의 추억을 찾아 나서기란 쉽진 않았었다. 그렇게 시간은 의지와 상관없이 7년이란 시간이 흘렀다. 운명이었을까? 친구로부터 그 아이의 소식을 전해 듣고 연락처를 알게 되었다. 소식을 몰랐을 땐 괜찮았는데 막상 소식을 알게 된 순간부터 그 아이에 대한 그리움이 머릿속에서 떠나질 않았다. 많은 고민 끝에 용기를 내서 떨리는 마음으로 전화를 해본다. "따르릉 따르릉" 전화벨이 울린 후 "여보세요!"라는 그 아이의 목소리가 들려왔다.

"오랜만이네. 그동안 잘 지냈어? 한번 만날래?"

"좋아."

그 아이의 흔쾌한 답변에 소년은 다시 만날 설래임에 약속된 그날만을 손꼽아 기다렸다. 7년 만에 다시 만났을 때 그 아이는 내 추억 속의 모습 그대로였다. 그때 그 아이는 홍제동에 있는 디자인회사에서 디자이너로 일을 하고 있었고, 난 학교에 다니고 있었다. 사회인으로서의 세련미까지 더해져 이젠 소녀가 아닌 숙녀의 모습으로 변모해 있었다. 반가움에 눈인사를 가볍게 나누고, 커피숍에 가서 그동안의 살아왔던 이야기를 나누는 동안, 이번엔 그녀를 놓쳐서는 안 되겠다는 결심을 굳혔다. 처음엔 조금 서먹했던 분위기는 서로의 안부를 물으면서, 추억의 시간 속으로 빠져들면서 예전의 그 소년과 소녀의 모습과 마음으로 돌아갈 수 있었다.

"잘 지냈어?"

"응."

"많이 궁금했고, 보고 싶었었는데."

"나도 그랬어."

몽글몽글 피어오르는 커피 향을 느끼며 7년이란 공백의 시간 들을 서로 주고받으면서 알았다. 그때의 그 사랑의 감정이 서로에게 그대로 남아 있다는 것을. 서로의 커피잔에 든 커피가 바닥을 보일 때쯤, 그녀에게 묻는다.

"맥주 한잔할까?"

"좋아."

성인이 된 두 남녀의 만남에 알코올은 큰 시너지 효과를 낼 거라는 믿음에 호프집으로 향했다. 왜였을까? 자신의 주량이 기껏해야 맥주 한잔 이라는걸, 그녀는 그때 왜 몰랐었던 걸까? 맥주 한잔에 취한 그녀가 내 어깨로 쓰러진다. 정말 당황했다. 방법을 찾아야만 했다. 인사불성이 된 그녀를 껴안고, 그녀의 쉴 곳을 찾아 서성이다 여관방을 찾아 그녀를 눕히고 안도의 한숨을 내쉴 찰나에, 내 인생의 큰 전환점을 가져다준 일이 벌어졌다. 그녀는 꿈을 찾아 서울에 올라온 후 친구들과 함께 생활하고 있었다. 그녀의 친구들도 오늘 우리의 만남을 알고 있었다. 학교 다닐 때부터 우리 관계를 모두가 알고 있었고, 헤어졌다 오랜만에 만나는 상황도 알고 있었다. 자신들의 친구가 첫사랑 오빠를 만난다는 사실이 자신들의 이야기 인양 궁금해하던 친구들이 전화를 한 것이다. "따르릉따르릉" 전화벨이 울리고, 생각 없이 나는 전화기를 귀에 대고 "누구세요?"라고 답을 한다. 잠깐의 정적이 흐른 후 전화기 주인의 목소리가 아닌 낯선 남자의 목소리에 침묵의 시간이 흐른다. 되풀이되듯 그녀를 처음 만났을 때와 똑같은 상황이 데자뷔처럼 벌어졌다. 그렇게 그녀는 운명처럼 내 곁에 다가와 나의 운명이 되었고, 그날 이후로 우리는 모든 사람들의 축복 속에 '둘에서 하나'가 되었다

'7년을 만났죠. 아무도 우리가 이렇게' 화이트의 〈7년간의 사랑〉. 처음 노래를 들었을 때 7년이라는 상징성에 꽂혔다. 7년이라는 시간의 일치성이 나를 위한 노래처럼 느껴졌고, 유영석의 달콤한 목소리가 더해져 항상 밝았지만, 눈물이 많았던 그녀를 생각나게 만드는 노래다. 노래의 완성도와 가수의 합이 잘 어울려졌을 때 명곡의 탄생 한다고 한다. 음악에 대한 완성도에 대한 평을 할 수 있는 능력은 없지만, 자신에게 울림을 많이 주는 노래가 곧 명곡이고 좋은 노래라 생각한다. 나에게 큰 울림을 줬던 나의 추억의 시간을 함께했던 이 노래를 오늘 그 소녀를 생각하며 눈을 감고 들어본다.

"사랑의 순간 어떤 가요 ♪"

사랑은 항상 어떤 형태든 이별과 함께 와. 윤종신 〈내일 할 일〉처럼 아무리 준비를 해도 김연우의 〈이별 택시〉처럼 어디로 갈지 모르는 슬픔에 빠지지. 그걸 알면서도 박효신의 〈동경〉처럼 어느 순간 절절한 사랑에 빠져서 김동률의 〈사랑한다는 말〉처럼 사랑을 떨리는 마음으로 고백하지. 패닉의 〈정류장〉처럼 힘든 날 나를 말없이 기다리고 위로해 주는 그대를 생각하며, 내가 그런 사람이 되겠다며 말이야.

@강상준

사랑 참 신기하지 않니? 내가 좋아하지 않던 것도 그 사람이 좋아하면 좋아하게 되잖아. 존박 〈네 생각〉 머릿속을 헤집고 돌아다니는 그 사람만 생각해도 막 기분이 좋아지잖아. 데이트하러 갈 때 그 설레는 느낌 알지? 이상우 〈그녀를 만나는 곳 100m 전〉 잘 보이고 싶어 평소 뿌리지 않던 향수 뿌리고, 미용실 가고, 옷 사서 입고. 솜사탕 같은 사랑이 오래가야 하는데 말이야. 조장혁 〈중독된 사랑〉처럼 중독은 무서운 거야.

@진선이

널 좋아하기 시작하는 순간 : cheeze 〈Madeleine love〉, 너와 데이트하러 가는 순간 : 검정치마 〈Follow you〉, 사랑한다는 것을 알게 된 순간 : 데이브레이크 〈좋다〉, 네가 보고 싶은 순간 : 레인보우 노트 〈오늘 밤은〉, 너와 싸운 순간 : 김수영 〈모르겠다〉, 헤어지는 순간 : 우주히피 〈가끔씩 날 생각해 주세요〉

@혜주

내가 사는 이곳, 서울

무미건조한 서울의 '멋진 하루'

지금 나는 나의 바람이나 욕망과는 거리가 있는, 한 곳에 오랫동안 머무르는 삶을 살고 있다. 어렸을 때부터 여기저기 돌아다니며 하고 싶은 일을 하는 삶을 꿈꾸었지만, 5살에 서울로 이사 온 이후 거의 모든 시간을 이 도시에서 살고 있고, 심지어 이사 한번 없이 같은 동네, 같은 집에서 계속 살고 있다. 안정적인 삶을 사는 것도 엄청난 행운이긴 하지만, 매일 같은 풍경 속에서 등하교와 출퇴근을 하고, 이렇게 계속 세월이 흐를까 봐 전전긍긍한다.

이런 불안감과 답답함 때문에 한때는 현재 내가 살고 있는 이 도시, 서울이 끔찍이 싫고 여기에서 도망치고 싶은 마음뿐이었다. 여행지로 유명한 해외의 도시들에 비해 아무런 특색 없이 무미건조한 풍경을 지닌 도시. 출퇴근을 할 때마다 아무런 영혼 없이 버스나 지하철로 향하는 무수한 사람들을 볼 때마다 숨이 텁텁 막히지만, 모든 것을 버리고 떠날 용기는 없어 하루하루를 살아온 게 여기까지 이르렀다.

지금도 서울을 떠날 좋은 기회가 찾아오기를 기대하며 이리저리 방법을 궁리하고 있지만, 예전보다는 이 도시에 관한 부정적 인상이 조금 누그러졌다. 그 계기는, 엉뚱하게도 한 편의 영화를 통해서였다. 배우 전도연의 작품 중 내가 가장 좋아하는 영화 '멋진 하루'. 영화 속 주인공 희수는 대뜸 오래전 헤어졌던 남자친구 병훈에게 찾아가 예전에 빌려줬던 돈을 갚으라고 하고, 병훈은 지금 당장 돈이 없지만 능청스럽게 알았다고 하며 돈을 빌리러 다닌다. 그리고 희수는 그런 병훈의 하루 동안의 여정을 함께한다. 영화의 중반, 둘은 지하철을 타고 다리를 건너는데, 창밖으로 고요히 흐르는 한강을 바라보던 희수는 그동안의 복잡미묘한 감정을 분출하려는 듯 조용히 눈물을 흘린다. 서울의 한강과 대교, 그리고 지하철 같은 별다를 것 없는 풍경은 고단한 소시민인 희수의 모습과 재즈풍 OST가 더해지면서 하나의 아름다운 그림이 되었다. 뮤지션 김정범의 그룹 푸디토리움의 ost로 더욱 화제가 된 이 영화를 기점으로, '일상을 여행하는 것처럼 살아가면 어떨까?', '이 도시가 지닌 회색빛 풍경도 이곳의 특징이자 정체성이라고 받아들이면 어떨까?'라는 시선의 변화를 느꼈다.

 # 버스 너머의 동대문, 오늘 밤 나는 길을 잃었다

여행하듯 서울을 살아가는 나만의 루틴 중 하나가 있다. 보통 기차를 타고 강원도를 여행한 후 돌아올 때 청량리역에서 내려 720번 버스를 타고 창밖을 바라보며 집으로 돌아간다. 1시간 남짓 걸리는 꽤 먼 거리이지만, 청량리 버스센터에서 타면 사람이 많지 않아 편안하게 앉아서 잔잔한 음악을 들으며 창밖의 서울의 풍경을 차분히 관조할 수 있는 이 시간을 좋아한다. 아무래도 여행에서 돌아오면 저녁 시간일 경우가 많아, 버스 밖의 풍경은 주로 하루의 시간을 마무리하는 고요한 거리와 자신의 길을 걷는 몇몇의 사람들, 이와는 대조적으로 여러 색의 불빛을 뽐내는 네온사인 간판들이다.

청량리역에서 출발한 버스는 15~20여 분이 지나자 동대문을 지난다. 나의 손이 핸드폰으로 이동하여 재빨리 노래 하나를 검색한다. 노래를 찾는 사이 동대문을 지나 버릴까 봐 나의 손은 더욱 바빠진다. 뮤지션은 모임 별, 노래 제목은 아직도 제대로 이해되지 않는 〈진정한 후렌치후라이의 시대는 갔는가〉. 노래를 들을 때마다 20여 년 전, 중학교 3학년의 거의 마지막 시기에 보았던 영화 '고양이를 부탁해'가 저절로 떠오른다. 한국 영화의 르네상스이자 암흑기라고도 할 수 있는 2001년. 개성 있는 감독들의 다양한 작품들이 쏟아졌지만, 정작 흥행은 천편일률적인 조폭 소재 영화들이 차지하던 시절 나에게 다가온 소중한 한국영화들 중 한 편이다. 처음 이 영화를 보았을 때 화면에 등장하는 핸드폰 문자 형식의 텍스트, 21세기에 대한 기대감과 불안감을 집약한 새로운 스타일의 음악에서 문화적 충격을 느꼈다가, 이와는 너무나도 대비되는 서글프고 아련한 주인공들의 모습에서 씁쓸한 감정에 휩싸였다. 멋진 삶을 꿈꾸지만 현실에 치이며 친구들을 함부로 대하는 희주가 너무 미웠고, 새로운 길을 택하는 태희와 지영이를 보며 나도 언젠가는 용기 있는 선택을 해야겠다고 다짐했었다.

인천의 고등학교를 졸업하고 각자의 삶을 살아가다, 오랜만에 서울로 같이 놀러 가기로 한 영화 속 다섯명의 친구들. 월미도의 차가운 바람을 맞으며 버스에 올라타고 버스는 지하철로 바뀌며 창밖의 소소한 일상적인 풍경들이 펼쳐진다. 곧 무너질 듯한 건물들, 허름한 시장, 하염없이 손님을 기다리는 불빛. 그리고, 마치 시간여행으로 안내하는 듯한 신비로운 리듬의 사운드가 나의 귀를 사로잡는다. 정작 가사에는 단 한 번도 등장하지 않는 '후렌치후라이'가 제목에 떡하니 등장하고, 누군가의 귀에 속삭이는 작은 볼륨의 목소리가 '오늘 밤도 난 또 길을 잃었다'면서 오늘도 무사히 하루를 마친 현대인들의 삶을 위로한다. 세기말 소녀가 CF에 등장하여 오묘한 분위기로 TTL 통신 요금제를 광고하고 앞으로 이 시간은 어떻게 흘러갈지, 영화 속의 현실은 저렇게 비루하기만 한데 정말 그렇게 꿈꾸던 미래의 세계가 펼쳐지기는 할는지 불안감으로 가득했던 2000년대 초의 감성이 이 노래에 오롯이 담겨 있었다. 한국의 인디음악을 대표하는 정서 중 하나가 '나른함'이라고 생각하는데, 아무런 기교와 장식이 들어가지 않은 목소리와 차분하게 한 걸음씩 내딛는 전자음의 비트가 조화롭게 얽혀 세기말, 또는 세기 초의 나른함 감정을 세련되게 구현했다. 주인공들이 인천에서 동대문으로 향할 때 이 노래가 흘렀던 것처럼, 나는 거꾸로 청량리역에서 우리 집으로 돌아갈 때, 동대문역을 지나칠 때마다 항상 이 노래를 들으며 그 시절의 나와 조우한다.

영화가 개봉한 지 20년이 지난 2021년. 개봉 20주년을 기념하며 리마스터링 버전으로 이 영화가 재개봉되었고, 당시에는 비디오로 보았던 영화를 이번에는 극장에서 다시 만났다. 희주는 여전히 미웠지만 나의 모습이 조금씩 보여서 더욱 슬펐고, 몽상과 자유로운 삶을 꿈꾸는 태희가 조금은 비현실적으로 느껴지는 건, 내가 현실 속에서 이리저리 허우적대고 있기 때문일까. 이 영화를 보았던 2001년과 2021년, 나에겐 각기 다른 소망이 있었다. 2001년에는 그 소망을 이루었다면, 2021년에는 안타깝게도 그 꿈을 이루지 못한 채 다시 일상으로 끌려왔다. 그 꿈이 무너지던 날, 나는 무작정 아무 버스에나 올라타 〈진정한 후렌치후라이의 시대는 갔는가〉를 재생했고, 유리창에 힘없이 얼굴을 기대며 잃어버린 길을 무작정 따라갔다. 그렇게 나의 꿈 하나가 서서히 길을 잃었다.

 # 서촌과 남산을 걸으며 푸른 바다를 상상하다
바다를 산보다 훨씬 더 좋아한다. 산은 저 높은 곳에서 여기까지 올라와 보라고 야속하게 바라보지만, 바다는 그저 고요히 자기 갈 길을 가면서 지긋이 미소를 건넨다. 마음이 지치고 답답할 때마다 바다로 달려가면, 바다는 언제나 나의 마음을 보듬으며 괜찮다고 다독인다. 나는 그런 바다를 바라보며 내 삶의 심지도 곧게 심으리라 다짐한다. 바다가 없는 도시에서 살다 보니 없는 존재에 대한 갈망은 더욱 커져만 간다.

영화 '최악의 하루'는 서울의 서촌과 남산을 주 무대로 펼쳐지는 은희의 하루 동안의 이야기이다. 현재의 남자친구와도 무언가 삐걱거리고, 유부남인 과거의 남자친구도 깨끗이 정리하지 못한 채 갈팡질팡하다 그렇게 또 하루가 지나가고, 벤치에 덩그러니 앉아 "긴 긴 하루였어요. 하느님이 제 인생을 망치려고 작정한 날"이라고 읊조린다. 겉으로 보기에는 그저 평온한 것 같지만 사소한 것 하나 제대로 풀리지 않을 때 털썩 주저앉고 언제 그랬냐는 다시 일어서는 우리들의 모습과 별반 다르지 않으리라.

영화 '멋진 하루'처럼 이 영화에서도 경쾌한 재즈풍의 선율이 영화의 분위기를 주도하는 가운데, 은희가 전 남자친구와 카페에서 커피를 마시는 장면에서 찰나의 노래 두 곡이 흘러나온다. 두 번째 노래는 우리에게도 익숙한 김창완의 〈너의 의미〉. 첫 번째 노래는 멜로디와 목소리도 낯선데다 너무 순식간에 지나가서 어떤 곡인지 잘 모르겠다. 이럴 때 좋은 방법은, 엔딩 크레딧이 오를 때까지 기다렸다가 삽입된 음악의 제목이 등장할 때 잽싸게 제목을 기억하는 것이다. 대부분의 영화에는 알고 싶은 음악들이 등장하기 마련이기에, 나는 언제나 엔딩 크레딧이 끝날 때까지 자리에서 일어서지 않는다. 보통 엔딩 크레딧의 중후반부에 삽

입된 음악의 정보가 등장하는데, 이번에도 역시 그 낯선 노래의 제목이 나타났다. 제목은 〈너의 푸른 바다〉, 뮤지션은 텍사스 가라오케.

바다 하나 등장하지 않는 서울이 주인공인 영화에서, 그것도 두 주인공의 갈등이 증폭하기 직전에 하염없이 편안한 노래가 등장하다니. 가사를 찾아보니 이보다 더 안락할 수가 없다. 답답한 일상에서 벗어나 자유를 느끼며 바다를 향해 달려가고, 너와 함께 이 바다를 보고 싶다는 특별할 것 없는 이야기. 블루스 기타 위로 나지막이 노래하는 목소리가 소소한 일상을 그려내는 영화의 분위기와 제법 잘 어울린다. 개인적으로 컨트리 장르는 토속적이고 낯간지러운 느낌이 많이 들어서 평소에 즐겨 듣지 않는데 이 노래만큼은, 그저 아무 생각도 하지 않고 침대에 퍼질러져 누워 쉬고 싶을 때, 바다를 바라보며 하루 종일 멍때리고 싶을 때 반복해서 틀고 싶다는 생각이 들었다. 모든 것에, 심지어 취미생활에도 의미를 추구하고 무언가 남는 것이 꼭 있어야 한다는 강박관념에 사로잡히는 나에게, 가끔씩은 딴 생각을 해도 아무 일도 일어나지 않는다고, 바다만 바라보아도 괜찮다고 살며시 위로한다.

영화 전체를 통틀어 20여 초 남짓 등장한 노래임에도 지극히 편안한 느낌을 줘서 그런지, 영화 속에서 주인공들이 활보하는 서촌의 좁은 골목, 남산의 숲과 나무들, 그리고 산책길이 푸른 바다의 잔상을 비춘다. 올라갈 땐 그렇게 힘들고 덥지만 내려갈 때는 홀가분한 산길도 바다처럼 고요하고 평화로울 수 있겠구나. 나만 괴롭히는 것 같고, 아무 일 하나 되지 않는 것 같은 최악의 하루도 끝을 맺는 순간이 오는구나. 두 남자와 더불어, 이 영화에서 은희는 처음과 끝에서, 낯선 일본 작가를 마주친다. 서툰 영어로 길을 묻는 일본인의 질문에 답하고 서로에 대해 짧은 소개를 한 후 헤어졌다가, 하루가 다 끝나고 은희가 벤치에서 자신의 신세를 한탄할 때 마술처럼 다시 등장한 일본 작가. 그는 은희가 듣지 못하는 일본어로 자신의 다음 소설의 이야기를 들려주며, 결국은 해피엔딩이니 은희에게 걱정하지 말라고 토닥인다.

영화 속 은희처럼, 그저 스쳐 지나갈 것 같은 인연들과의 대화, 특히 모국어가 아닌 서툰 외국어로 주고받는 몇 마디에서 큰 힘과 위로를 얻는 경우가 있다. 나도 몇 년 전, 우연한 기회에 한국을 방문한 한 독일인과 고요한 밤에 남산의 둘레길을 걸으며 이런저런 이야기를 나눈 적이 있었는데, 서로의 삶에 대해 이야기하는 소소한 내용이었지만 싱그러운 가을밤과 상쾌한 공기를 마시며 남대문 방향으로 내려가는 그 산책길은 제법 근사했었다. 영화를 보고 난 뒤 평일 대낮에 영화 속에 나온 카페에서 커피를 마시며 〈너의 푸른 바다〉를 듣고, 독서 공간모임에 참여하여 은희처럼 새로운 인연을 맺으며 골목길 사이사이와 저 멀리 보이는 인왕산 사이를 넘실대는 파도를 마주했다. 찰나에 등장했던 〈너의 푸른 바다〉가 영화의 전체 인상을 좌우했듯이, 작은 순간 하나하나가 모여 나의 삶이 더욱 빛나고 소중해진다고 느껴진다면, 이것만큼 가슴 설렌 해피엔딩도 없으리라. 오늘도 힘겨운 오르막길을 고요한 바다로 치환하는 이 신기한 노래 한 곡을 들으며 하루를 시작한다.

호주 퀸즈랜드 그리고 꿈

 # 모닥불 앞에서 〈꿈〉

퀸즈랜드 관광청에서 배포하는 책자를 제작하기 위해 친한 동생인 가수 임성현과 함께 퀸즈랜드로 떠났다. 사진작가로 남편이 함께했고, 현지에는 코디네이터였던 이코디 님이 우리를 안내했다. 우리 네 명은 퀸즈랜드 책자의 프로젝트팀으로 함께하는 거였기에 여행 자료를 조사하고, 멋진 사진을 남기기 위해 노력했다.

케언즈의 원주민 전통 마을인 쿠란다에서 시작해, 그레이트 베리어 리프에서 스노클링과 스킨스쿠버를 하고, 바다 오토바이인 씨봅을 탔다. 그리고 골드코스트에서 서핑도 하고, 스카이포인트 전망대의 오픈에어 체험도 하고, 씨월드와 무비월드까지 여행자들이라면 신나게 놀고 즐길 수 있는 것들을 체험했다. 이동하는 내내 렌터카를 이용했다.

렌터카는 아주 먼 거리나 도시를 완전히 이동할 때를 제외하고 거의 우리의 교통수단이었기 때문에 음악을 자유롭게 들을 수 있다는 장점이 있어 좋았다. 초반에 서로 서먹하던 때, 차에서 어떤 음악을 들을까 이야기하다가 우연히도, 호주에 사는 이코디님을 제외하고 성현과 나, 남편이 모두 박효신 콘서트(성현, 나, 남편 모두 각자 따로 공연에 감)를 다녀왔다는 공통점으로 박효신 노래를 듣게 되었다. 자주 자동차를 탔지만 장거리 운전은 없었던 탓에 다양한 음악보단 박효신 앨범을 거의 들었다.

골드코스트의 마지막 날, 숙소였던 '파라다이스 컨츄리'에 도착했을 때에 비로소 자동차가 아닌 곳에서 음악을 처음 함께 들었다. '파라다이스 컨츄리'는 골드코스트에서 유명한 글램핑장이었다. 양과 캥거루가 있는 목장 한쪽에 천막으로 된 글램핑장이 있어 그곳에서 숙박을 했다. 저녁 식사를 한 후 가볍게 산책을 하고, 하나의 텐트 동에 모여 음악을 듣고 맥주 한 캔을 하는 여유로움을 즐겼다. 새소리와 풀 소리, 그리고 선선한 바람과 어둑해진 하늘이 잔잔하게 우리의 마음을 건들었다. 박효신 7집 중에서도 특히 〈꿈〉이라는 노래를 무한 재생하며, 우리는 모두 몽글몽글해졌다. 그때, 그곳 직원이 와서 몇 시까지 식당 뒤편으로 오라고 말했다. 영문도 모른 채 우리는 그 시간에 맞춰 식당 뒤편으로 향했다. 조명이 거의 없는 캠핑장은 온통 어두워서 걸으면서도 제대로 가는 것인가 의문이었는데 식당을 가로질러 뒤편으로 향하자 우리의 눈앞에 보이던 공간은 '와~'라는 감탄을 자아내게 했다. 모닥불이 있고, 그 주변으로는 다른 숙박객들이 도란도란 앉아 이야기를 나누고 있었기 때문이다. 우리도 그 옆에 함께 앉았다. 어두운 곳에서 오직 모닥불의 불빛만으로 서로를 바라보다 보니 얼굴이 잘 보이지 않았지만, 그래도 낯선 사람들과 인사를 나누고 밤하늘 아래 타오르는 장작불의 소리를 배경 삼아 이야기를 했다. 잠들고 싶지 않았던 밤인 듯, 다른 여행객들은 숙소로 돌아가고, 모닥불도 거의 꺼져가고 있었지만, 우리는 여전히 하늘을 바라보며 이야기를 나눴다.

'오늘 밤 내가 꾸고 싶은 꿈은 슬픔 없는 꿈~' 조용하게 흐르던 박효신의 〈꿈〉 노래에 귀를 기울였다. 모닥불이 서서히 사라지고야 겨우 하늘을 바라봤을 때 별이 희미하게 보였는데, '작은 별 하나가 잠들지 못해서'라는 가사처럼 우리의 마음속 어떤 꿈이 살아나 잠들지 말라고 속삭이고 있었다. 어린 시절 꾸었던 꿈 이야기와 지금 이루고 싶은 것들을 나누던 그날의 이야기는 다 사라졌지만, 지금도 여전히 선명한 것은 그날 그곳에서 들었던 박효신의 〈꿈〉 노래였다.

프레이저 아일랜드에서 〈별 보러 가자〉

하얀색 사륜구동 자동차로 달리고 있는 이곳은 세계에서 가장 큰 모래 섬인 '프레이저 아일랜드'다. 122km 직선의 모래사장과 열대우림, 그리고 다양한 동식물들이 머문다는 지상낙원이라고 불리는 곳이다. 호주에서도 특히 자연보호에 신경을 쓰는 곳이라 전기도 거의 없고, 그로 인해 휴대폰도 터지지 않고, 유일한 숙소는 하나뿐인 호텔이었다. 호텔에 도착해 짐을 풀고 가이드의 안내에 따라 섬 곳곳을 여행했다. 휴대폰이 터지지 않으니 불편할 것 같았지만 덕분에 서로 대화를 많이 나눴고, 휴대폰이 아닌 서로의 눈을 자주 바라봤다. 때로는 아무 말도 하지 않고 앉아 있더라도 오히려 그 고요함이 이 순간을 오롯이 집중하게 했다.

모래사장 한가운데에 자동차를 주차하고 테이블과 의자를 꺼내 앉아 먹었던 바비큐와 와인, 하얀색 모래가 가득한 호숫가에 돗자리를 깔고 앉아 마셨던 와인과 과일, 거울처럼 맑았던 물웅덩이에서 즐기던 수영과, 모래 썰매도 재밌었고, 산불이 나서 커다란 나무가 쓰러져 길이 끊긴 김에 여행객들과 모험 아닌 모험을 즐겼던 특이한 체험까지 프레이저 아일랜드가 아니었다면 하지 못했을 많은 추억을 쌓았다. 그리고 어둠이 쌓인 밤. 파도가 치는 것이 소리로는 들리지만 눈에 잘 보이지 않은 시간인데 현지 가이드가 나오라고 해서 밖으로 나갔다. 바로 앞 바닷가에 다다랐을 때, 가이드가 저 멀리 가리켰다. 어떤 빨간 불빛이었다.

"자연적으로 불이 났어요. 여기선 저런 불은 그대로 타게 내버려 둬요. 그게 자연보호거든요."

자기가 여기를 그렇게 자주 왔어도 보기 힘든 광경이라고 우리보고 운이 좋다고 말하는 가이드는 이 광경을 보여줄 수 있다는 것에 신이 나 있었다. 호주의 자연보호가 어떤 식인지 낯선 한국인들에게 설명하는 것이 즐거워 보였다.

조금 더 걸어 호텔에서 멀어지니 완전히 불빛이 사라졌고 하늘에 별들이 쏟아지듯 눈에 들어왔다.

"전자기기, 특히 카메라 불빛도 안 돼요. 모든 빛나는 것들을 잠시 꺼 주세요."

하늘의 별빛을 어떻게 사진으로 담을 수 있을까 고민하는데, 가이드의 요청에 우리는 모두 영문도 모른 채, 전원을 모조리 껐다. 시계 불빛까지도. 그 순간 가이드는 발로 쓱쓱 모래를 비볐다. 그러자 갑자기 모래가 형광 빛을 내기 시작했다. 여기도 저기도, 그리고 내가 발로 쓱쓱 비비는 그곳에서도 반짝임이 발생했다.

"아주 작은 불빛만 있어도 볼 수 없는 거예요. 이곳 프레이저 아일랜드에서만 만날 수 있는 빛입니다."

별은 오직 밤하늘에만 있다고 생각했다. 그러나 우리가 빛을 내지 않는다면 자연이 가져다주는 아름다운 빛들이 얼마나 많이 있을까 궁금했다. 문득, 여기는 남반구니까 우리가 사는 곳에서 보는 것과 전혀 다른 별이 보인다는 것을 깨달았다. 북반구에 북두칠성이 있다면 남반구에는 남십자성이 있다. 북반구는 북두칠성을 중심으로 별들이 회전한다면, 남반구는 남십자성을 중심으로 별들이 회전한다. 그렇다는 것은 언제나 북두칠성과 남십자성은 볼 수 있다는 것인데 왜 나는 그동안 별을 보려고 하지 않았던 것일까.

이 감정을 기억하고 싶었다. 모래에서 발생하는 빛은 카메라에 절대 담을 수 없다고 하니 포기하고, 저 멀리 불타는 자연 화재와 하늘의 쏟아질 것 같은 별빛을 담아보기로 했다. 삼각대를 펼치고, 어디선가 꺼낸 작은 랜턴을 성현의 손에 쥐어 주고, 숨죽여 장노출로 사진을 찍었다. 사진에 모래 사장과 사람은 까만 실루엣으로, 멀리 불빛은 마치 노을처럼, 그리고 밤하늘은 노을빛이 닿아 보라색을 띠고, 수많은 별들이 노란색 점처럼 가득 찼다. 이 사진은 호주 퀸즈랜드 가이드북의 표지가 되었다.

'멋진 별자리 이름은 모르지만 나와 같이 가줄래~' 우리는 적재의 〈별 보러 가자〉 노래를 흥얼거렸다. "이 노래를 들으면 이제 여기를 떠올릴 것 같아!" 누가 한 말인지 모르겠지만, 그 말 때문인지, 아니면 정말로 그 노래 때문인지, 〈별 보러 가자〉 노래를 들으면 프레이저 아일랜드의 별이 쏟아지던 밤하늘이 생각났다. 렌터카에서 가끔 이 노래를 들을 때 모두 "프레이저 아일랜드의 별 너무 좋았어!"라고 말할 만큼 우리는 계속 그날의 추억을 〈별 보러 가자〉 노래로 대변했다.

캥거루 포인트의 〈Sun and Moon〉
여행의 끝, 마지막 도시인 브리즈번의 시간이 얼마 남지 않았던 때, 딱히 정해져 있지 않았던 저녁 식사 일정에 무엇을 할까 고민하다가 오가며 코디님이 알려 준 '바비큐장'을 떠올렸다. 그곳에서 삼겹살에 와인 한잔하면 좋겠다 생각하며 그래도 되냐고 물었더니, 가능하단다. 우리는 신났다. 그동안 호주산 맛있는 스테이크와 맛집 탐방도 다녔지만, 한국인 입맛엔 역시 한국식 삼겹살이 최고인가보다.

브리즈번 도시 곳곳에는 정말 많은 바비큐 시설이 있다. 아무 데서나 바비큐를 해 먹을 수 있었다. 그러니까 도로 중간 중간에 누구나 무료로 이용 가능한 시설이 널려 있는 것이다. 오후 일정을 부지런히 마무리하고 얼른 삼겹살을 먹고 싶다고 모두 들떠 있었는데 코디님은 가까운 바비큐장이 아닌 몇십 분이 걸리는 곳까지 우리를 데리고 갔다. 바비큐장은 다 비슷할 거라고 생각했는데 도착하니 그게 아니라는 걸 대번에 느꼈다. 그곳은 캥거루 포인트라고 절벽 위에서 바라본 브리즈번 시내가 멋지게 내려다보이는 장소였다. 캥거루 포인트는 자연 절벽에서 사람들이 암벽등반을 할 수 있게 시설이 마련되어 있기도 했는데, 그 옆으로 바비큐 시설이 연달아 몇 개가 보였다. 그중 한 곳에 자리를 잡았다. 열심히 운동하는 사람들 옆에서 고기를 굽고 먹어도 괜찮을까 고민을 했지만 시설이 있다는 건 그래도 된다는 말이니까 개의치 않고 고기를 굽기 시작했다. 삼겹살 냄새가 퍼지자, "설마 누가 와서 고기 한 점 달라고 하는 거 아니겠지?"라고 성현이 말했는데, 정말로 어떤 여자가 지나가면서 처음 맡아본 고기 냄새인데 도대체 무슨 고기냐고 물었다. 이 나라에선 소고기만 먹다 보니 돼지고기는 정말로 생소한가보다 싶던 순간, 와인을 땄고, 블루투스 스피커를 연결해 노래를 틀었다. 〈꿈〉, 〈별 보러 가자〉를 비롯해 이적의 〈걱정말아요, 그대〉 윤종신의 〈나이〉 등 여러 노래가 스피커에서 흘러나왔다. 노래를 듣는 중간에 때때로 성현의 감미로운 목소리로 흥얼거리는 노랫소리도 이 순간을 더 달콤하게 했다. 다른 사람이 노래를 따라 불렀다면 노래를 망친다고 타박했을 듯한데, 역시 가수와 여행하니 이런 흥얼거림 조차도 감성적으로 느껴진다. 마침 해가 저문다. 저 멀리 하늘에서 점점 빨간색 노을이 붉게 올라왔다. '낮'과 '밤'이 서로에게 깊은 인사를 건네듯 점점 더 붉어지다가 어둠 속에 갇혀가는 이 순간, 우리의 볼도 발그레 와인의 빛으로 서서히 물들었다.

여행에서 돌아온 후, 한동안은 꽤 바빴다. 가이드북 책자를 완성해야 했고, 여행 박람회에서 두 번의 북 콘서트를 진행했고, 그 외에도 여러 곳에서 우리는 그때의 퀸즈랜드 여행을 이야기했다. 그러다 몇 년이 지나 여행이 서서히 잊힐 때쯤 샘킴의 〈Sun and Moon〉을 듣고 다시 브리즈번의 붉었던 노을이 생각났다. '보이지 않아도 같은 하늘 해와 달처럼 함께 있어~' 노래 가사의 해와 달처럼 과거와 현재가 공존했다. 이미 여행이 끝나도 아직 감정이 그곳에 남아 있듯 이 노래는 자꾸만 브리즈번의 마지막 노을 속으로 나를 밀어 넣었다. 그곳에서 들었던 노래 한 곡이 그날의 순간을 기억하게 할 수도 있지만, 그 순간의 감정을 닮은 노래 한 곡이 그곳의 기억을 떠올리게 할 수도 있었다.

"해와 달이 만나진 않아도 같은 하늘에 있는 것처럼 노래와 장면은 같은 순간 머물지 않았어도 비슷한 기억을 떠올리게 할 수 있구나."

이미 지나온 돌아갈 수 없는 여행이지만 같은 감정을 닮은 노래를 들을 때마다 떠올릴 것이다.

"여행 떠나고 싶을 때 어떤 가요 ♪"

여행 시작은 말을 꺼내는 동시에 시작되는 것 알지? 그때부터 마음이 설레잖아. 어떨 때는 떠나지도 않았는데 벌써 여행을 시작한 기분이 들 때도 있잖아. 조용필 〈여행을 떠나요〉는 무조건 출발하기 전 들어야 해. 기분을 풍선처럼 부풀려야 하니까. 그리고 볼빨간 사춘기 〈여행〉을 들으며 시끄럽게 소리도 질러보고, 노트북 핸드폰 일과 관련된 것은 Off. 여행스케치 〈별이 진다네〉를 들으며 하루를 마무리해.

@진선이

마침 여행을 떠날 때마다 꼭 듣는 노래가 있어! 바로 UN의 〈파도〉라는 노래야. 중학생 시절부터 꾸준히 노래방에서 불러온 이 노래는 남자 듀오의 청아한 목소리에 밝은 멜로디는 시원한 바다가 절로 떠오르게 해. 차에서 이 노래를 들으면 당장 경치 좋은 곳으로 떠나고 싶어져. 한편에는 바다를, 반대편에 숲을 지고 하늘로 향해 난 텅 빈 도로를 열창하며 달리고 싶어. 지금 당장 어디론가 여행을 떠나고 싶다면 꼭 들어봐!

@허준희

내 여행은 소란함보다는 따지자면 정적에 가까워. 무언갈 하기보단 하지 않는 쪽을 택하는 편이지. 여행이래도 신나는 곡보단 잔잔한 설렘이나 조금의 고독이 있는 노래들이 더 좋더라고. 권나무의 〈자전거를 타면 너무 좋아〉나 여름밤을 떠올리게 하는 수상한커튼의 〈늦 여름 밤〉, 위수의 〈지나간 여름을 안타까워마〉 그리고 사라지는 노을의 아쉬움이나 고독을 노래한 고갱의 〈져가는 태양과 적막 사이에〉가 여행을 떠오르게 해.

@진수빈

She is (그녀는 내게)

"신랑은 신부를 평생 사랑할 것을 맹세합니까?"
"네!"
"신부는 신랑을 평생 사랑할 것을 맹세합니까?"
"네!"
.
.
.
"두 사람이 정식 부부가 되었음을 선언합니다!"

이렇게 우리 둘은 결혼을 했다. '첫사랑은 이루어지지 않는다'라는 속설도 있지만, 다 그런 것은 아닌 것 같다. 처음 그녀를 보았을 때 사랑을 느꼈고, 그녀를 평생 행복한 사람으로 만들어 줘야겠다고 마음을 먹었었다. 항상 밝고 긍정적인 그녀의 뒷면에 그녀의 가족사엔 아픔이 있었다. 그녀의 그 아픔을 알기에 조금이라도 나눠 갖고 싶었었다. '기쁨은 나누면 두 배가 되지만, 아픔은 나누면 반으로 줄어든다는' 말처럼, 결혼해 함께 함으로 그녀의 아픔을 덜어 주고 싶었었다. 그렇게 가진 거 없이 서로에 대한 사랑만으로 첫 시작을 했지만, 냉혹한 삶의 현실이 우리 둘의 앞에 떡하니 서 있었다.

짙붉은 벽돌로 장식된 외벽, 벽돌 사이로 건물의 오래됨을 추측할 수 있는 짙은 검은색 이끼들. 입구부터 캄캄함. 음침한 지하의 불빛들이 깜박거리며 건물 천장에 무질서하게 매달려 있던 서대문의 빌라 지하에서의 첫 시작. 지하 생활의 가장 큰 고난들은 밤에 찾아온다. 지하 방의 밤은 밤이 찾아옴과 동시에, 지나가던 사람들의 발자국 소리가 밤의 적막을 뚫고 더 큰소리로 귓가에 울려 퍼진다. "뚜걱 뚜걱 뚜걱". 유독 겁이 많은 그 사람은 무서움에 내 품에 안겨 무서움을 달래고는 했다. 이런 그녀의 모습을 볼 때면 미안했고 자존심도 상했고 마음이 아팠다. '가진 것도 없는 놈이 철딱서니 어린애처럼 마음 하나만으로 섣불리 결정을 했나?'라는 좌절감도 많이 느꼈었다. 이렇듯 한 해 두 해 지남과 동시에 어느덧 생활에 익숙해지면서, 각자에게 주어진 일에 충실히 하는 시간 들이 지나고, 우리 둘만의 소중한 추억의 시간 들이 차곡차곡 쌓여 갔다. 시작은 초라했지만, 그곳은 우리 추억의 대부분이 만들어졌던 곳이다. 무엇보다도 우리 사랑의 결정체인 아들 녀석이 태어난 곳이 바로 서대문 빌라이다.

1996년 7월. 그해 7월은 유난히 더웠었다. 한여름 푹푹 찌는 더위에 산모를 위해 방은 후끈후끈해야만 했다. 단칸방 하나였던 그때, 그 더위 속에서 후끈 달아오른 방바닥 위에서 폴짝폴짝 뛰어오르는 방아깨비처럼 조금이라도 달아오르지 않은 곳을 나는 찾아 다녀야만 했다. 선풍기 하나에 의존하며 그 해 무더웠던 7월을 잘 견뎌내고, 그 녀석도 무럭무럭 씩씩한 모습으로 잘 자라 주었다. 지금은 어느덧 의젓한 청년이 되었다. 어렸을 때부터 항상 '가족은 함께 하는 것'이라는 내 가족 철학의 영향인지, 아들 녀석은 장성했지만, 지금도 가족들과의 여행 계획이 잡히면, 항상 자신의 스케줄을 조정하곤 한다. 각자의 개인 생활이 중시되는 가족관계도에서 보면 흔치 않은 가족의 모습일 수도 있지만, 한편으로 보면 가슴이 뿌듯해진다. 나의 지론은 '가족은 함께 함'이다. 물론 시대착오적인 발상일 수도 있지만, 나에게 가족은 함께 할 때 가장 아름답기 때문이다.

　'서로를 이해하고 사랑하며 살자' - *(가훈)*-

　가끔 차를 타고 그곳을 지나칠 때가 있지만, 세월은 우리의 추억이 고스란히 남아 있도록 허락을 해주질 않는 것 같다. 그곳은 사라져 버렸지만, 우리의 추억은 그곳에 영원히 남아 있을 거라 믿는다. 서대문 빌라가 그립다.

　서대문에서의 첫 시작을 필두로 강동구로의 두 번째 이사. 강동구에서의 성북구로의 세 번째 이사. 성북구에서 강서구로의 네 번째 이사. 지금의 현 거주지가 된 곳으로의 마지막 이사이다. 조금씩 조끔씩 살림이 늘어 감으로 느껴지는 뿌듯함. '줄여서'가 아닌 '늘려서'의 이사는 인생의 짜릿한 성취감을 준다. 우리들의 열심히 살아온 삶의 결과물이기 때문이다. 10대에 처음 만나, 20대 결혼을 하고, 30대 40대엔 가장으로서의 최선을 다한 삶을 산 후 50대에 접어든 지금, 삶을 되돌아볼 수 있는 여유를 갖게 되었다. 나의 청춘의 시간과 젊음의 시간 들을 오롯이 가족들을 위해 앞만 보고 달려온 나에게 "참! 고생 많았고, 수고했다!"라며 말을 해주고 싶다. 지난 세월을 회고하면서 집사람이 가끔 지나가는 말로 하는 말이 있다.

"우리 아들 가졌을 때 그렇게 배가 먹고 싶었었는데, 배 한 개값이 고깃값보다 비쌌어. 그래서 도저히 사 먹을 수가 없었어!"

그랬었다. 처음 시작이었을 때 우리의 상황이 그랬었다. 지금은 서로 열심히 삶을 살아온 덕에 경제적인 여유가 많이 생겼지만, 가끔씩 집사람을 통해 이 말을 전해 들을 때면, 그 말이 가시가 되어 내 마음 한구석을 찌르곤 한다.

50대에 비로소 삶의 안정을 찾았다. 60을 바라보는 나이에 서대문 빌라에서 태어났던 그 녀석도 이제 어엿한 어른이 되어 결혼을 바라보는 나이가 되었다. 바쁘게 살아야만 했던 시간 들 속에 묻고만 있었던 나의 소망들을 이젠 하나둘씩 꺼내 볼 생각이다. 그 소망 들 중 하나인 내가 직접 쓴 글로 노래를 만들어 보는 것이다. 젊은 시절 그 배 하나 값이 얼마라고 사주지 못했던, 나의 아픈 마음을 담아서, 그녀에게 우리의 삶이 묻어 있는 가사를 만들어 전해 주고 싶은 것이 나의 평생의 꿈 중의 하나이다. 평생을 나와 함께

해준 시간들에 대한 감사와 항상 내 곁에서 묵묵히 함께해준 그녀를 위한 나의 노래. 세월이 흘러 석양이 지는 바닷가에 앉아, 불어오는 실바람에 몸을 맡기고, 서로의 어깨를 기댄 채, 지는 노을을 바라보며, 눈을 감고 듣고 싶은 노래 하나 만들어 보고 싶은 나의 꿈을 실천하기 위한 도전을 해본다. 나의 무모한 도전이 나의 인생의 도화지에 화룡점정이 되길 바라면서, 나의 마음이 그녀에게 전해지길 바란다.

〈이상동 1201번지(그녀를 향한 나의 마음)〉

그곳에 가면 항상 그녀가 있었지.
창문 틈 사이로 빼꼼히 긴 머리를 찰랑거리며 웃어주었던 그녀.
그녀가 쏘아 올린 큐피드의 화살에 꽂힌 채
난 항상 그곳을 서성거려야만 했었지.
이상동 1201번지.
우리의 첫사랑이 시작되었던 곳.
초록색 대문 옆엔 내 마음을 담은 듯
하늘을 뚫어지게 바라보는 해바라기꽃 한 송이가 피어 있었지.
이상동 1201번지는 우리의 첫사랑이 시작되었던 곳.
그곳에 가면 항상 그녀가 있었지.
힘겨운 하루를 마치고 무거운 발걸음을 옮길 때면
살포시 미소를 지으며 따뜻한 손길로 내 어깨를
토닥토닥 두드려 주던 그녀.

그녀의 손길이 닿을 때면 마법처럼 발걸음이 가벼워졌지.

서대문 1201번지.
우리의 사랑이 만개했던 곳.
작은 화단 옆 접시꽃이 내 마음을 담은 듯
그녀만 바라보며 피어 있었지.
서대문 1201번지는 우리의 사랑이 활짝 만개했던 곳.

우리의 이야기는 결혼식 축가가 되었지

#D-5

네이버 메일을 열어 메일 쓰기 창을 띄웠다. 상단에 파일 첨부하기 버튼을 클릭하고 곧이어 열린 문서 찾기 창에서 PDF 파일 하나를 마우스로 콕 집어 장바구니에 물건을 담듯 첨부했다. 이어서 준비했던 말들을 메일 본문란에 입력하고 혹시나 오타가 없는지 세 번 정도 오타 프로그램으로 확인해 본 뒤 마지막으로 제목을 입력했다.

메일 제목 : 2월 22일 PM4:50 신랑 축가 악보입니다.

사실 (예비) 아내에게 거짓말을 했다. 축가를 준비하지 못했다고 그래서 아는 지인 몇 명에게 부탁해서 축가 공연을 더 준비했다고 말했다. 몇 달 전부터 음악 전공자가 본인 결혼식 축가도 준비 못 해서 미안하다며 꾸준히 연기한 덕분에 아내는 내가 직접 축하를 할 거란 생각을 못 했다. 게다가 준비한 축가가 우리가 나눈 이야기를 엮어 만든 자작곡일 거라곤 꿈에도 몰랐을 거다. 그러니까 이건 결혼식 날 두 달 전부터 준비한 특급 비밀 프로젝트였다.

결혼식 축가는 나의 오랜 꿈이었다. 언젠가 결혼하면 아내 될 사람과 함께 겪은 이야기로 노래를 만들어 부르고 싶었다. 서로에게 나눈 말과 추억을 노랫말로 쓴다면 그 자체로 우리만의 노래가 될 테니까. 결혼식장에서 짠! 하고 들려준다면 아내가 얼마나 행복해할까. 생각만 해도 벌써 기분이 짜릿했다. 그러니 철저하게 비밀리에 진행해야 한다. 중요한 스.드.메 일정을 마무리하고 나서 바로 축가 만들기에 돌입했다.

노래는 전하고 싶은 이야기를 가사와 멜로디에 얹어 전달하는 매체이다. 청중의 귀를 사로잡기 위해 화려한 화성과 보컬 테크닉이 물론 중요하다만은 기획서의 '기획 목표'에서 전략이 나오듯 노래는 전하고자 하는 메시지를 청중에게 더 잘 전달하기 위해 곡의 장르와 사용할 화성, 기악 소스가 추려진다. 즉, 곡 쓰기에서 가장 먼저 할 일은 '하고 싶은 말 찾기'이다. 가장 먼저 아내에게 전하고 싶은 메시지가 무엇인지 생각해 봤다.

아내와 만날 때 직업으로서 음악가가 되겠다며 잘 다니던 직장을 그만둔 무일푼 대학원생이었다. 호기로운 도전은 미처 준비하지 못한 생활비와 부족한 전공지식으로 하루하루 스스로가 얼마나 안일했는지 깨달았다. 스트레스로 인한 폭식으로 체중은 95kg이 넘었고, 당당하게 하고 싶은 걸 하겠다며 자랑하던 모습에 비해 거울에 비친 내 모습이 초라하게 느껴져 지인을 거의 만나지 않았다. 자존감이 바닥을 기고 있던 시기였다. 그때 아내를 만났다. 에세이 '가장 말고, 베프가 되기로 했다'에 아내와의 첫 만남을 이렇게 적었다.

'종소리만큼이나 경쾌한 목소리와 함께 누군가 카페 안으로 들어왔다. 쇄골 아래까지 내려오는 긴 머리. 반달 모양의 눈과 그 아래 도톰함 애굣살. 반들반들한 이마부터 동그란 코끝까지 매끄럽게 이어진 콧대. 오밀조밀한 입술을 가진 여자가 카페 안 사람들을 향해 환하게 웃었다. 그녀의 움직임에 맞춰 귀걸이가 반짝였다.' - *'가장 말고, 베프가 되기로 했다'* 에세이 본문 中

고백하자면 한 눈에 반했다. 게다가 모임장으로 활동할 정도로 리더십과 사회성이 좋은 아내는 당연하게도 모두에게 인기가 많았다. 이 사람과 연애를 한다는 건 생각도 하지 않았다. 그래서 우리의 만남이 기적 같았다. 맞다. 가장 하고 싶은 메시지는 바로 이거였다.

"그 시절 너를 만난 건 내게 기적 같은 일이다."

메시지가 나오자, 이후부턴 속전속결로 진행했다. 가장 하고 싶은 이야기는 곡의 후렴구에 가사로 쓰기 위해 후렴부 멜로디부터 만들기 시작했다. 곡을 만들면서 내가 선택한 작곡법은 메인 모티브(메인 멜로디)로 작곡하는 방법이었다. 곡에서 활용할 메인 모티브를 만들고 10여 가지의 변형법을 적절하게 사용하면서 곡을 완성하는 기초 작곡법 중 하나이다.

축가는 총 두 달에 거쳐 제작했고 전 과정의 편곡을 도와준 동기와 사회를 봐주기로 한 친한 형 외에는 철저하게 비밀에 부쳤고 결혼식 5일 전에 악보 제작까지 모두 마쳤다. 메일에 첨부한 악보의 이름을 다시 한번 확인했다. 혹시 예식장 메일 주소를 잘못 적은 게 아닌가 스펠링 하나나 보면서 재차 확인했다. 이상이 없었다. 나는 잠시 숨을 멈추고 숨을 골랐다. 조용히 마우스를 움직여 메일 '보내기' 버튼에 올려두었고, 몇 초의 시간을 흘려보낸 뒤 버튼을 눌렀다.

메일이 발송되었습니다.

#D-DAY
아침 일찍부터 몸을 일으켜 채비했다. 근 몇 달 동안 있는 시간 없는 시간 전부 쪼개고 쥐어짜서 골라둔 스.드.메를 오늘에서야 오픈하는 날이다. 보통 결혼식 시작 전에 6시간 정도 일찍 일어나 준비한다고 한다. 우리 본식은 오후에 늦게 있어서 그나마 여유 있는 아침을 보냈지만, 다른 문제가 있었다.

오늘 결혼식의 하객이 많이 오지 않을 예정이다.

우리의 결혼식은 2020년 2월 22일이고, 이날은 코로나19 바이러스가 1차 대유행이던 시기였다. 게다가 대구 신천지 집단 감염으로 시작된 이번 대유행은 대구 출신인 내게 복잡한 문제를 가져왔다. 당시 나의 상황은 서울에 있는 지인과 대구의 친척 모두에게 감염의 공포를 준 듯했다. 결혼식 보름 전부터 참석이 힘들 것 같다는 연락이 오기 시작하더니 일주일도 지나지 않아 100여 통을 넘게 연락이 왔다. 나중에는 예식에 참석 예정 인원을 따져본들 무슨 의미가 있겠냐 하는 숫자가 나오고부턴 참석자 수도 세지도 않았다. 불참 전화는 결혼식 전날까지 걸려 왔다. 뉴스에도 코로나 유행을 대대적으로 보도했다. 각종 커뮤니티와 예비부부 온라인 카페에도 하루에 몇십 건씩 기사가 올라왔고, 게시글마다 비슷한 시기에 결혼하는 부부들이 댓글을 달아 서로의 마음에 공감해 주었다. 하지만 이런 시기에 결혼식을 하는 부부가 생각이 없다는, 개념이 없다는 악성 댓글을 봤을 땐 애써 정갈하게 정리했던 표정이 산산이 부서지는 상처에 눈물이 났다. 그런데도 오늘 우리가 결혼식 당일까지 무사히 준비를 마칠 수 있었던 이유는 아이러니하게도 같은 아픔을 느껴서였다. 우리가 앞으로 같이 살아갈 날 중에 이것보다 더 큰 일이 없을까. 더한 일도 생기겠지. 그중에 하나일 뿐이라고 서로의 마음을 다독이며 밤을 보냈다.

제일 먼저 헤어 메이크업샵에 도착했다. 샵에는 오늘 결혼하는 신랑·신부가 스툴에 앉아 대기하고 있었는데 못해도 족히 스무 커플은 되어 보였다. 헤어샵으로 턱시도와 드레스, 부케가 배송되는데 가끔 신부 드레스와 부케가 다른 신부와 바뀌는 경우가 있다고 한다. 웨딩플레너나 담당 이모님(결혼식 당일 보조)과 문제가 없도록 재차 확인하는 게 좋다. 다행히 우리는 선택한 대로 물품을 받았다. 신랑, 신부 헤어 메이크업이 모두 끝나면 결혼식장으로 곧장 출발한다. 결혼식장으로 향하는 차 안에서 뒷좌석에 앉은 아내에게 들리지 않을 정도로 간간이 작은 소리를 내며 축가 연습을 했다.

결혼식은 정말 정신이 없었다. 신부대기실에 앉아 있는 아내 대신 결혼식장의 민원을 전부 신랑이 받아야 한다. 주차장 안내부터 사회자 대본 체크, 동선 체크 기타 결혼식 마이크 체크까지 인사하는 시간을 제외하곤 계속 뛰어다니는 듯했다. 마침내 결혼식이 시작되고 예식 순서에 따라 예식이 시작됐다.

신랑 입장

옛날 TV에서 버진로드를 삐걱대며 걸어가는 신랑이 조금 귀엽고 우스워 보였는데 나도 못지않게 삐걱대며 버진로드를 걸었다. 아마 정신을 조금 더 놓았다면 분명 같은 손발이 나갔을 거다.

신부 입장

버진로드 끝 유리문 너머에 리프트를 타고 아내가 내려왔다. 유리문이 양쪽으로 열리면서 아내의 모습이 한눈에 들어왔다. 순간 아내 쪽에만 조명이 켜진 줄 알았다. 조명에 비쳐 반짝이는 비즈, 나풀거리는 웨딩드레스, 양손으로 곧게 쥔 부케로 수줍게 올라간 입꼬리를 감추는 쑥스러운 얼굴. 그 환한 모습으로 나를 향해 사뿐히 걸어와 버진로드에 올라선 이 모습을 살면서 한순간이라도 잊을 수 있을까. 우리가 처음으로 경험하는 자리에 쑥스러움과 몰랑거리는 마음, 이제 끝이자 시작이란 복잡한 마음으로 서로의 눈을 바라봤다. 결혼식은 순조롭게 진행되었고 마침내 축가 순서가 다가왔다. 아내가 알고 있던 지인의 축가가 식장에 울려 퍼졌고, 보컬리스트가 부르는 축가 덕에 식장의 분위기는 무르익어 갔다. 준비한 지인의 축가가 모두 마치고 아내는 다음 순서를 준비하는 듯했지만, 사회자와 나는 다른 계획이 있었다. 사회자는 마이크를 뽑아 들고 내게 말했다.

"잠시만요. 신랑은 평소 작곡하는 능력이 있다고 하는데 혹시 결혼식을 위해 만든 노래가 있나요?"

훌륭한 멘트였다. 곧이어 내가 입을 열었다.

"네 있습니다."
"그럼, 신랑은 버진로드 중앙으로 와주시기를 바랍니다. 갑작스럽지만 혹시나 같이 준비하신 분이 계신다면 올라오세요!"

말이 끝나자마자 그랜드 피아노에 친한 대학원 동기가 자리를 잡았다. 하객분들과 웅성대는 소리가 들렸다. 아내는 놀란 얼굴을 하고선 나를 바라봤고 나는 아내에게 웃음을 보이며 버진로드 중앙에 악보대가 있는 곳으로 걸어갔다. 곧이어 보면대(악보 거치대)에 도착했을 때 다시 몸을 돌려 아내를 바라보는 순간 준비했던 BGM이 흘러나왔다. 나는 턱시도 안쪽 주머니에 넣어둔 손 편지를 꺼내 들고선 한 글자씩 읽어 내려갔다. 그리고 준비한 축가를 불렀다.

〈동행〉 *(작사/작곡 허준희)*

가끔 세상이 내 마음에 대해서 묻곤 해
내가 너를 정말 사랑하는지
행여 사는 게 버거워서 널 잡은 두 손을
뿌리치고 싶어 지진않을지
세상을 살아보니 두려움도 커지고
나란 사람이 한없이 나약하고 연약해져서
내가 할 수 있는 게 없어지고
내 곁을 떠나간 사람들로 외로워질 때

그때서야 나는 널 만났다고
그러니 내가 무슨 말로 표현을 하겠어
아무리 생각해도 이게 맞는 것 같아
남은 날을 너와 함께하는 게

다들 편해진 내 모습이 보기 좋다고 해
사랑하고 있는 얼굴 같아서
혼자 멍하니 있다가도 웃음 보이곤 해
새어 나온 행복 참지 못해서
세상을 살아보니 두려움도 커지고
나란 사람이 한없이 나약하고 연약해져서
내가 할 수 있는 게 없어지고
내 곁을 떠나간 사람들로 외로워질 때

그때서야 나는 널 만났다고
그러니 내가 무슨 말로 표현을 하겠어
아무리 생각해도 이게 맞는 것 같아
남은 날을 너와 함께하는 게

많이 부족하고 모자라지만
너의 세상에 가장 큰 사람이 되길

이제 우리 같은 날을 살자고
만나게 될 모든 순간들을 함께하자고
이제야 살아가는 이유를 알 것만 같아
남은 날을 너와 함께하는 거

나와 평생 함께 가 줄래

#D+1200

"정말 꿈에도 예상 못 했어."

아내가 결혼식 축가 이야기를 꺼낼 때마다 하는 말이다. 어느덧 4년 차 부부가 된 우리는 가끔 그날의 이야기를 할 때면 웃음이 나왔다. 아내는 어쩐지 내가 청첩장을 주러 이리저리 많이 돌아다닌다고 생각했었다며, 결혼식 전날도 청첩장을 주러 간다는 내가 약간 이상하다 생각했는데 결혼식 전날 축가 리허설을 하기 위한 계략인지 몰랐었단다. 아무렴. 내가 얼마나 철저하게 숨겼는데. 이날의 기억은 결혼생활 내내 두고두고 웃을 수 있는 추억이 되었다.

아무것도 없다 생각했을 때 만난 인연과 평생을 함께하겠다고 약속하는 자리에 10년이 넘어도 코로나를 뚫고 올라와 준 대구의 음악 동료들, 행여나 내가 힘들까 봐 아프신 아버님을 데리고 오시는 데도 힘들었을 텐데 친척분께 대신 코로나 관련 일들 해결해 주신 가족들, 직접 축가 피아노 반주를 해주러 온 대학원 동기, 그리고 그때는 상처 입은 마음에 이해하지 못했지만 직접 와서 축하해 주지 못해도 그 마음 다해 축하를 보내준 많은 사람에게 꼭 전하고 싶었다.

"여러분들 덕분에 저희는 행복하게 살고 있습니다. 정말 감사합니다."

"가사가 아름다운 어떤 가요 ♪"

짧은 어구와 단어로도 듣는 이와 읽는 이의 마음을 사로잡는 시와 가사들이 있어. 나에게는 정원영의 <겨울>의 가사가 그런 경우야. 눈 위에 새겨진 자신의 발자국을 물끄러미 바라보며 쓸쓸히 걸어가는 행인이 저절로 떠오르지. 소리가 나지만 흔적밖에 나지 않는 옛사랑의 과거, 겨울은 이렇게 모두를 쓸쓸하고 서운하게 만드는 마법을 지녔지. 신기하게도, 이 노래가 발표된 2010년 12월 3일은, 내 군대 제대일이기도 했어.

@jacques

어떤 곡에 빠져들기까지 가사가 크게 작용해. 학창 시절 문학작품 분석하듯이 가사를 곱씹어 보는 편이야. 멜로디가 아무리 좋아도 가사가 별로면 결국 플레이리스트에 들어오지 못하더라고. 그중에서도 '위로'의 정서를 가진 곡들을 좋아하는데, 꼭 가사를 들어봤으면 하는 곡은 강아솔 <매일의 고백>, 심규선 <우리는 언젠가 틀림없이 죽어요>, 한로로 <입춘>, 브로콜리너마저 <유자차>, 선우정아 <그러게나> 가 있어.

@진수빈

지인의 결혼식 날 친구들이 축가로 윤종신(Feat.정인) <오르막길>을 불렀어. 삶을 오르막길에 빗대어 힘들어도 서로의 손을 놓지 않기를 바란 것 같아. 블루파프리카 <정말로, 너를>은 I(Introvertion, MBTI 성격유형검사에서 내성적인 사람을 뜻한다)의 썸타는 과정을 담은 노래야. 아이들에게 들려주면 좋을 것 같은 가요로 블루파프리카 <나무>가 있어. 둘 다 가사가 밝고 예뻐서 햇살 가득한 낮에 들으면 더 좋을 것 같아.

@양보은

봄으로 데려다 준 노래

Intro

봄은 이상한 계절이다. 사람의 마음을 살랑살랑 휘두른다. 아무리 마음을 단단히 잡아도 설레게 만든다. 이렇게 사람 마음이 말랑해지면, 이성보다 감성이 앞서기 쉽고, 감정이 잘 드러난다. 마음의 무장이 스르륵 해제되는 계절이다. 다른 계절에 비해 마음이 들뜨니 성급해지기도 해서 실수도 많이 한다. 이런 다양한 감정과 실수는 우리를 노래의 세계로 이끈다. 노래에는 내가 겪고 있는 에피소드와 감정이 고스란히 있기 때문이다.

계절에 맞춰 노래를 듣게 된 건 '봄 캐럴'이라는 말을 만든 '버스커버스커 1집'이 나온 2012년부터다. 특히 봄이 되면 봄이라는 계절에 어울리는 노래를 찾았다. 학창 시절에 봄은 설레는 마음을 표현하기 바빴던 계절이었다. 하지만 학창 시절이 끝나면서 설레는 마음을 표현하는 걸 조심해야 하는 상황이 되었다. 사회생활은 여러 감정을 숨기는 것이었다. 학창 시절에 봄이 되어서 설레는 감정이 생기면 연애를 하고, 마음이 들뜨면 들뜬 마음을 행동으로 표현했다면, 사회생활은 감정과 행동 사이에 이성이 개입해야 했다. 행동 전에 생각을 한 번 더 해야 했다. 그러다 보니 마음에 감정의 잔재가 남기 시작했다. 그 잔재를 노래를 들으며 해소했고, 행동으로 표현하지 못하는 걸 노래에 실어서 표현하기도 했다.

〈벚꽃엔딩〉

다른 사람들은 2012년을 어떻게 기억할지 모르겠지만, 나에게는 '버스커버스커 1집'으로 기억되고 있다. 특히 〈벚꽃엔딩〉은 나를 봄 노래로 이끈 장본인이었다. 이 노래가 나왔을 때 나는 다니던 직장 앞에 벚꽃이 흐드러지게 핀 길을 걸어서 출근하는 것이 유일한 즐거움이었다. 회사 앞 벚꽃길 초입에서 〈벚꽃엔딩〉을 시작하면 회사 입구에서 노래가 알맞게 끝이 나서 좋았다. 정말 벚꽃이 엔딩할 때까지 계속 이 노래만 아침에 들었다.

〈벚꽃엔딩〉 가사처럼 출퇴근길을 함께 걷고 싶던 사람이 있었다. 사회생활을 시작하고 이제 슬슬 나름 적응을 하기 시작하면서 마음의 여유가 조금 생겼다. 그 여유에 누군가가 들어왔다. 그 사람과 출퇴근길을 나란히 걷고, 주말에는 기차 타고 부산에 바다 보러 가고, 동네 카페에서 서로 할 일을 챙겨 와서 함께 그 시간과 공간을 즐기는 상상을 했다. 하지만 용기가 없었다. 내 마음을 거절당할 용기가 없었던 것이다. 거절당할 용기가 없었던 것은 당연하게도 같은 직장에서 서로 얼굴을 볼 사이인데 불편해지면 안 되기 때문이었다. 일시적일지도 모르는 내 설레는 감정을 상대에게 섣불리 내비쳤다가 그 마음을 거절당했을 때는 어쩔 수 없이 어색해질 텐데, 그게 너무 싫었다. 아니, 어색해질 것이라고 확신했다. 그래서 〈벚꽃엔딩〉을 더 들었을지도 모른다. 어떤 사람에게는 사랑하는 연인 사이의 로맨틱한 상황을 보여주는 노래일지 모르지만, 나에게는 그저 알 수 없는 친구 사이에 벚꽃길을 걷는 연인을 바라보며 친구 사이 이상을 바라는 한 사람의 고백으로 들렸다. 그때 내가 조금 더 용기가 있었다면 어땠을까? 봄이 참 이상한 계절이라는 핑계를 대며 설레고 좋아서 가슴이 폴짝폴짝 뛰던 내 마음을 솔직하게 고백했다면, 아마 대차게 거절을 당했겠지만 그래도 용기를 냈어야 했다.

그러나 20대 초반의 '나'가 2012년의 나를 붙잡았다. 20대 초반에는 사람을 솔직하게 대하는 것이 좋다고 생각했다. 그래서 많은 사람들에게 섣부르게 다가갔고, 많은 상처를 받기도 했다. 그러면서 다른 사람에게 솔직하게 감정을 표현하며 너무 다가가면 서로 상처를 주게 된다는 걸 배웠다. 좀 비싼 수업료를 지불했다. 졸업 후 학과 후배에게 들은 내 이미지는 정말 개차반이 따로 없었으니까. 그런 뒷담화를 듣고 나니까 사람에게 내 마음을 어떻게 전해야 할지 잘 모르게 되었다. 함께 〈벚꽃엔딩〉을 들으면서 함께 벚꽃길 걷고 싶던 그 사람에게 마음을 전하기 어려워졌다. 솔직하게 내 마음을 표현하면 대학교 때 받았던 상처가 직장에서 반복될 뿐일 것이라 생각했다. 그래서 2012년에 표현하지 못한 마음은 10년이 넘은 지금도 아직 마음에 남아 있다. 아직도 〈벚꽃엔딩〉을 들으면서 그때의 감정을 소화하고 있다. 그때 용기를 내서 솔직하게 이야기했다면 어땠을까? 그래서 〈벚꽃엔딩〉은 지금 나에게 '설렘'도 주지만 '후회'도 준다. 참 이상하다.

〈꽃송이가〉

다른 사람들과 노래에 관한 이야기를 할 때 가끔 〈꽃송이가〉에 대해 이야기할 때가 있다. 대부분 밝고 경쾌한 봄 노래로 많이 듣던데, 나는 이 노래가 참 슬프게 들렸다. 뭐 하자고 그러면 단 한 번도 안 된다고 한 적 없는 그 사람에게 특별한 사람이 되고 싶지만 나는 그게 어렵다고, 나는 그저 거리에 수많은 사람들 같은 행인 1에 불과하다고 이야기하는 한 사람의 슬픈 짝사랑 서사가 가사에 보였다.

서른을 앞두고 나는 이 노래를 '특별한 사람이 되고 싶지만 그게 어려웠'던 사람과 함께 차 안에서 들었던 적이 있다. 그리고 이 노래가 슬픈 짝사랑 노래라고, 나는 이 노래 화자의 마음을 정말 잘 알 것 같다고, 그래서 참 슬픈 노래라고 이야기했다. 지금 이 노래를 같이 듣고 있는 너에게 내가 특별한 사람이고 싶다는 것을 돌려 표현한 말이었다. 정말 노랫말처럼 그 사람에게 특별한 사람이 되는 것은 어려운 일이었다. 그 사람은 모든 사람에게 사랑받는 사람이었고, 다른 사람에게 사랑을 줄 수 있는 사람이었다. 그에 비해 나는 마음을 표현할 줄 모르는 사람이었다. 내 마음은 그 사람 때문에 몽글몽글했지만, 그걸 잘 드러내지 못했다. 드러내는 것 자체가 실례라고 생각했다. 더 정확하게 생각을 표현하면, 그렇게 밝게 빛나는 사람이 나와 엮여서 다른 사람 입에 오르내리는 것 자체가 실례라고 생각했다.

하지만 사랑과 재채기는 숨길 수 없다. 이런 내 마음 좀 알아 달라고, 나에게 특별한 사람이 되어 달라고 떼쓰고 소리치고 싶었다. 그래서 억지로 약속도 잡았고, 커피도 한잔 하면서 그렇게 이 노래를 같이 듣게 된 것이다. 그리고 이 노래 가사에 내 마음을 실어 살포시 전하고 싶었다. 그렇지만 내 용기는 〈꽃송이가〉는 슬픈 노래라고, 내가 요즘 이 가사 같은 마음이라고, 딱 여기까지였다. 너 때문에 내 마음이 얼마나 폴짝거리고 살랑거리는지는 말하지 못했다. 거절의 말도 〈꽃송이가〉로 들었다. 결국 그 사람은 나에게 이 노래 가사가 그렇게 슬픈지 잘 모르겠다고 했다. 그냥 친한 사람끼리 산책도 할 수 있고, 배드민턴도 칠 수 있고, 커피도 마실 수 있지 않냐고. 아, 그렇구나. 이게 거절이구나. 바로 깨달았다. 그렇지만 노래로 서로의 마음을 표현하고 답을 했다는 경험은 꽤 신선했다. 이것도 봄이기 때문에 가능하지 않았을까?

〈첫사랑〉

이 정도면 나의 봄은 버스커버스커라고 해도 과언이 아니다. 〈첫사랑〉은 너를 좋아하는 마음이 너무 커져서 새어 나오는 상태에서 어쩔 줄 몰라 하는 한 사람의 가슴 벅찬 이야기를 담고 있다. 그런데 너무 서툴러서 이 새어 나오는 마음을 어떻게 해야 할지 몰라 당황하는 장면이 이 노래의 포인트라고 생각한다. 그래서 이 노래는 봄이 아니면 절대 나올 수 없는 노래다.

나의 사랑은 봄에 많이 이루어졌다. 다른 계절이라면 약간의 파문만 일고 잠잠해질 감정도 이상하게 봄에는 너울이 되고, 파도가 되고, 엄청난 해일이 된다. 겨울에 꽁꽁 얼었던 몸과 마음이 녹으면서 춘곤증 오듯이 얼었던 마음이 노곤하게 풀려서 그런 건지, 봄에 새로 시작하는 것들이 많아서 덩달아 새롭게 시작하고 싶어서 그런 건지 정말 자꾸 새어 나오는 마음을 주체 못 하고 적극적으로 표현한 적이 많았다. 특히 대학교 때 더 그랬는데, 아마 주변 분위기도 한몫했다는 생각이 든다. 3월 개강을 하고 나면 무엇에 홀린 듯 많은 사람들이 연애를 시작했다. 그들이 서로의 마음을 확인하고 서로 헤어지기 아쉬워 데려다주고는 헤어지지 못해 문 앞에서 긴 작별의 인사를 하던 그때, 네이트온에서는 이미 그들이 사귄다는 소식이 퍼져나갔다. 대화명에 커플 축하한다고 적고, 쪽지로 거의 실시간 실황 중계급으로 커플 소식을 전했다. 이런 소식을 듣고 나면 그날 밤은 왠지 모르게 싱숭생숭했다. 그러면 외로움과 함께 꽤 괜찮게 생각했던 그녀의 모습이 스멀스멀 떠올랐다. 이때부터는 거의 뇌내망상급으로 혼자만의 세상을 펼친다. 그 사람에게 내 마음을 전하고, 그 사람이 마음을 받아주면, 그때부터 펼쳐지는 둘만의 스토리를 나 혼자 드라마 대본 쓰듯이 막 쓰고 있었다. 이 마음이 밤에 혼자 하는 즐거운 상상에서 끝나면 별문제가 안 될 수 있는데, 상상을 하다 보면 진짜 그 사람에 대한 내 마음이 너무 커져 버릴 때가 있다. 그럴 때는 정말 참지 못하고 새어 나온다. 네이트온에 들어가서 쪽지를 보내거나 휴대폰으로 문자를 보냈다. 그렇게 밤새 그 사람과 이야기를 나누면 정말 다음 날에는 내가 감당할 수 없을 정도로 마음이 커져서 행동이나 사고가 고장이 나 버리는 경우도 있었다. 그제서야 내가 그 사람에게 완전히 빠져들었다는 걸 인정하게 된다.

이때 내가 하는 행동은 두 가지. 새어 나오는 구멍을 모조리 막아 놓고 어떻게든 튜브에 바람 빼듯이 마음을 눌러 담거나, 새어 나오는 김에 아예 수문을 연 댐처럼 마음이 콸콸콸 쏟아지게 두었다. 그런데 문제는 마음을 눌러 담아도 결국은 어느 순간 참을 수 없는 재채기처럼 내 마음은 새어 나왔다. 그래도 은은히 새어 나오는 것은 수습을 할 수 있었기 때문에 꾹 누르고 누르면 언젠가는 그 사람을 향한 마음이 주저앉게 된다. 그렇지만 급류가 쏟아져 나오면 나도 내가 무슨 일을 하고 있는지 모를 정도로 일이 커지기도 했다. 그 사람의 마음을 얻기 위해 무조건 직진이었다. 솔직하게 좋아한다고 표현하고, 자주 보려고 노력하고, 여러 핑계를 대면서 주변을 계속 맴돌았다. 그 사람의 마음을 얻겠다는 생각에 정말 그 순간만큼 그 어떤 시련과 고난이 와도 괜찮다고 생각했다. 그리고 급류가 잔잔한 강이 되고, 시내가 되고, 말라버릴 때까지 그 사람에게 최선을 다했다. 그것이 내 인생에 가장 큰 행복이었던 시절이었다. 내 감정에 솔직했고, 이성적 판단 따위는 완전 무시해버렸다. 중요한 시험을 앞두고도 그 사람이 보고 싶어서 매일 찾아가서 오히려 상대가 나를 말릴 때도 있었고, 기숙사 통금 시간 따위는 내 사랑을 막을 수 없었다.

나에게 모든 사랑은 그 사람과의 첫사랑이었다. 그래서

항상 이 노래처럼 새어 나올 정도로 넘치는 마음을 가감 없이 표현했었다. 그렇지만 지금은 겁이 많아졌다. 솔직하게 내 마음을 표현한다는 것의 무게감을 알게 되었고, 상대에게 부담이 될 수도 있다는 것을, 다른 사람들이 나를 어떻게 바라볼지도 생각하게 된, 용기가 부족한 사회인이 되어버렸다. 지금 나에게 봄은 예전처럼 엄청난 감정 보따리를 안겨주는 계절이 될 수 없다.

〈봄눈〉

〈봄눈〉은 담백한 목소리, 따스한 멜로디, 조용하고 아늑한 분위기가 특징이다. 가사도 차분하다. 자신의 이야기를 따뜻한 차 한 잔과 함께 들어보라며 시작하는 노래는 세 계절을 지나 다시 봄을 맞이해 눈처럼 내리는 벚꽃잎을 본다는 가사다. 풋풋한 모습도 있지만 이 노래 가사 중 내가 가장 좋아하는 부분은 몇 년이 지난 지금도 그대로인 그대라는 꽃잎을 향한 자신의 마음을 고백하는 부분이다.

우리는 마음이 변치 않기를 바란다. 영원히 사랑하고, 영원히 행복하고 싶다. 그러나 GD는 이야기했다. 영원한 건 절대 없다고. 결국엔 다 변한다고. 맞다. 영원한 것은 없다. 사람의 마음도 영원하지 않다. 변한다. 그런데 많은 사람들은 자신의 마음은 영원할 거라고 믿는다. 그리고 나를 향한 상대의 마음도 변하지 않기를 바란다. 그래서 사람들은 자신의 연인에게 미래에 불변할 자신의 마음을 증명하려 수없이 덧없는 약속을 한다. 나도 그랬다. 수없는 덧없는 약속. 지금 돌이켜 생각해 보면 그게 무슨 소용이 있나 싶다. 한 번은 이 노래 가사처럼 앞으로 변하지 않을 내 마음을 표현하지 않고 몇 년이 지나도 변하지 않는 나를 보여주고 싶었다. 섣부른 약속이 아니라 행동으로 보여주고 싶었다. 말로만 하는 표현보다 행동. 그게 더 진정성 있고 의미가 있다고 생각했다. 그때 만나던 사람이 나에게 물었다. 나는 네가 이런저런 점을 좀 고쳐줬으면 좋겠는데 안 될까? 나는 이렇게 답했다. 오랫동안 유지하던 습관을 바꾸는 건 어려운 일일 것 같아. 하지만 노력해 볼게. 나는 그렇게 솔직하게 말하고 하나씩 고쳐 나가는 내 모습을 보여주면 된다고 생각했다. 섣부른 약속을 하지 않고 행동으로 보여주고 싶었다. 그렇지만 그 사람은 아니었나 보다. 그 사람은 거기서 그 섣부르지만 고치겠다는 확답을 듣고 싶었나 보다. 결국 나는 행동으로의 변화를 보여줄 기회도 얻지 못하고 그 관계를 끝낼 수밖에 없었다. 한동안 나는 행동으로 보여줄 기회를 얻기 위해 구차하게 매달렸다. 그러나 단호했던 그 사람. 차갑게 돌아섰다. 그렇게 그 사람과는 끝이 났다.

나는 사람의 진심이 다른 사람의 마음에 닿는 게 정말 어렵다는 생각을 했다. 나는 그저 말만 앞서는 게 아닌 행동으로 보여주고 싶었을 뿐이었는데, 그 마음은 그 사람에게 닿지 않았고, 기회마저 사라져 버렸다. 그리고 〈봄눈〉을 들으면 저 몇 년이 지나도 그대로라는 말이 정말 위대하다는 생각이 들었다. 몇 년이 지나도 진심이 그대로인 것을 노랫말로 보여준 것도 대단하지만, 그렇게까지 그 사람의 진심을 이해하고 기다려 준, 함께 해 준 그 상대방도 정말 대단하다고 생각한다. 그래서 이후로 나는 주변에 마음은 표현하지 않으면 아무도 알아주지 않는다는 걸 엄청 이야기하고 다닌다.

Outro

용기를 내지 못해서 한 후회, 비록 이루어지지 않았지만 노랫말에 내 마음을 실어 전달한 후련함, 솔직함이 너무 넘쳐서 모든 것이 미숙했던 그 시절에 대한 그리움, 사람의 진심을 이해한다는 것의 대단함, 이 모든 것을 20대 봄에 경험하였다. 다른 계절도 아니고 봄이라니. 정말 봄에는 사람 마음이 살랑해지고, 폴짝폴짝 뛰면서 싱숭생숭하게 만드는 무언가가 있나 보다. 이성보다 감성이 앞서고, 감정을 더욱 솔직히 표현하게 하는 무언가가 있다. 정말 봄은 이상한 계절이다.

비와 책방과 커피와 자동차, 그리고 음악

"비가 오는 것 같아."

아직 잠이 깨지도 않았는데 찌뿌드드한 몸 상태를 느끼고, 비가 온다고 직감했다. 역시나 비가 내린다. '출근하지 말까?' 이불 속으로 파고드는 고양이를 쓰다듬으며 생각했다. 나는 책방지기다. 책방은 날씨가 좋으면 손님이 없고, 더워도 추워도 손님이 없다. 특히 비가 오는 날이면 손님이 없을 거라고 확신이 든다. 출근하지 않더라도 아무도 문을 닫았는지 모를 것이다. 그러나 약속해 놓은 시간에 문을 닫고 하루를 쉬는 것은 온종일 마음이 편치 않겠지. 기지개를 켜며 일어났다. 집사와 같이 잠들 줄 알았던 고양이가 침대에 덩그러니 혼자 남겨져 어리둥절해한다.

"미안. 사람은 나가서 돈을 벌어야 해."

알아들었을 리가 없는 고양이를 침대에 두고, '돈'을 벌겠다는 호기로운 출사표를 던진 후, 부지런히 씻고 출근을 준비했다. 준비라고 별것은 없다. 샤워하고 화장하고 머리를 말리는 것이 전부. 옷장에 있는 옷 중에 손에 잡히는 옷을 집어 들고 입고 나선다. 맨날 이렇게 아무렇게나 옷을 입다 보니, 계절의 변화에 무뎠다. 어떤 날은 추운데 얇은 옷을 입었고, 어떤 날은 더운데 두꺼운 옷을 입었다. 그러나 비 오는 날만큼은 명확했다. 비가 오니 바로 빨래통에 넣을 수 있는 옷으로 꺼내는 것이다. 특히 젖어도 괜찮을 바지를 입는 것은 중요하다. 자동차 때문이다. 출퇴근뿐 아니라 각종 업무에 많이 쓰는 내 차는 2인승의 작은 전기차 '트위지'인데 비가 오는 날 비가 고스란히 들어와서 엉덩이가 젖는 일이 다반사였다. 워낙 특이한 자동차를 타다 보니 차에서 타고 내릴 때 모르던 사람들이 말을 자주 건다. 이 차의 특징을 물어보면 "비가 오면 비가 들어와요."라고 답했다. 그러면 사람들은 이해하지 못한 채 자리를 떠났다. 농담이라고 생각했을 것이다. 나도 처음엔 이해가 안 되었고, 비 맞는 것을 정말 싫어하는 내가 과연 이 차를 탈 수 있을까 고민했었다. 그러나 4년째 너무 잘 타고 있다.

이 차의 단점을 꼽을 때 이제는 '비가 들어온다'거나 '에어컨이 안 된다'거나 '문이 안 잠긴다'거나 '고속도로를 달리지 못하는 것'이 아니라 '음악을 들을 수 없다'는 것을 말한다. 차에는 스피커가 없기 때문이다. 그냥 스마트폰 스피커로 음악을 재생해도 되겠지만 문도 안 잠기고 비가 들이새는 차는 외부 소음이 고스란히 들어오기 때문에 음악을 제대로 듣기란 어렵다. 차에서 음악을 듣는 것은 단순히 음악을 '듣기만' 하는 것이 아니니까, 제대로 듣지 못한다면 차라리 듣지 않는 편을 택하겠다며 트위지를 운전할 땐 음악을 듣지 않는다. 그래서 다른 것보다 이 차의 단점은 내겐 '음악'이었다.

집 주차장은 비가 들어오지 않은 천장이 있는 곳과 그렇지 못한 곳이 있는데, 하필 전날 천장이 없는 곳에 주차를 했었다. 고작 10걸음이면 차까지 다다라서 우산 대신 모자가 달린 옷을 입고 차까지 후다닥 달린다. 모자가 최대한 젖기 전에 차 문을 열었는데 다행히 차에 비가 조금밖에 들어오지 않았다. 트위지는 양쪽 문짝에 일부 틈이 있어서 완벽한 밀폐가 되지 않는다. 그래서 그 틈으로 공기도 들어오고 비도 들어오는데, 차를 조금이라도 경사진 곳에 주차하면 틈으로 들어오는 빗물이 의자에 고스란히 쌓여 출렁출렁 거린다. 비가 많이 오는데도 불구하고 물기가 많지 않은 걸 보니 주차를 평평하게 잘해둔 것 같아 뿌듯했다. 부지런히 차에 탑승해 시동을 걸었다. 고작 차로 3분 거리의 책방으로 향한다. 노래를 틀었다고 해도 아직 한 곡이 끝나지 않을 시간에 책방에 도착했다. 책방 입구 바로 옆에는 작은 차 한 대 정도만 주차할 수 있는 곳이 있어 주차가 수월하다. 다만 여기도 천장이 없어서 비가 올 때면 문을 열고 잽싸게 뛰어야 한다. 책방 입구 역시 외부와 맞닿은 문을 열어야 해서 문을 열 때까지 또 비를 한 차례 맞는다. 자동차 키에 열쇠고리처럼 매달아 놓은 키로 책방 문을 열고 안으로 들어갔다. 낮인데도 비 때문에 흐려서 내부는 어둑했다. 저녁이 돼야만 주황의 불빛이 올라오는 전등을 켜고 커피 머신을 켰다. 그리고 스피커도 켰다.

"내 플레이리스트에서 비 오는 날 듣기 좋은 노래 틀어 줘!"

AI 스피커에게 몇 년 전에 만들어 놓은 '비 오는 날' 플레이리스트를 틀어 달라고 요청하자 곧바로 노래가 흘러나왔다. 첫 곡으로 루싸이트 토끼의 〈비 오는 날〉이 흘러나오는 동안 물기가 촉촉하게 느껴지는 겉옷을 벗어 의자 옆에 놓고, 가방에서 노트북을 꺼내 책상 위에 펼쳤다. 포스기 전원을 켜고, 다락방의 조명을 켜고 공기청정기를 돌리고, 청소기도 한차례 돌렸다. 그다음 부지런히 물을 끓이고 커피를 내렸다. 비가 내려서 약간의 비린내와 흙냄새가 살짝 올라오고, 비로 인해 낮아진 공기의 압력 덕분에 커피 머신에서 노즐을 타고 나오는 에스프레소의 진한 향이 더 짙었다. 6.5평의 작은 책방에 금세 커피 향이 가득했다. 시계를 보니 11시 55분, 아직 오픈까지 5분이나 남아 있다는 안도감을 느끼며 커피잔에 코를 대고 숨을 깊게 들이쉬었다. 아직 커피를 마시지도 않았는데 벌써 향에 취해 기분이 차분해졌다. 귀에는 스탠딩 에그의 〈뚝뚝 (With 예슬)〉 노래가 들린다. '한 방울씩 뚝뚝뚝, 어깨 위로 뚝뚝뚝' 감성적인 목소리가 뚝뚝뚝 내 귀를 자극할 때, 모든 일을 멈추고 집중하고 싶어 커피를 호록 한 모금 마셨다. 빗소리마저 노래의 일부분인 것마냥 커피 한 모금 속으로 노래가 귀에 쏙쏙 들어왔다. '뚝뚝뚝' 시공간을 넘나드는 주문의 목소리인 듯, 눈을 감으니 여기는 어느 해안 도로의 자동차 안이라고 느껴졌다. 파도 소리가 들리고 바다의 내음이 올라오지만 선루프에 뚝뚝뚝 비가 노크하는 그런 상상 속에 빠졌다.

비가 오는 날을 무척이나 싫어했었다. 비 맞는 것은 더 싫었다. 그랬던 내가 비 오는 매력을 처음 느끼게 된 것은 운전을 하고 나서였다. 비가 내리는 날, 약속을 잡긴 싫고, 가족들이 잔뜩 다 있는 집에 북적거리며 있고 싶지 않을 때, 차로 피신했었다. 선루프가 있는 차에서 빗소리를 들으며 음악을 듣는 것만으로 감성이 풍부해질 수 있다는 것을 알게 된 후, 비 오는 날이면 차에서 음악을 들었다. 같은 취향을 가진 친구들이 있어서, "비 올 때면 우리 무조건 만나는 거야."라고 하며 비가 올 때 드라이브 모임을 했던 적도 있었다. 자정이 가까운 시간이든, 어디에 있든, 차로 달려가 픽업하고, 그날의 감정에 따른 어디든 향했었다. 갑자기 모였지만 당일치기로 서울에서 남해 땅끝마을로 달려갔던 때도 있었고, 북악스카이웨이를 달리거나 오이도에 가서 조개구이를 먹고 오기도 했다. 저녁에 만나 밤새 드라이브를 하고, 아침에 삼겹살로 식사를 마치고 서로의 집으로 귀가하던 그런 시절. 비가 내렸고, 차가 있었고, 이야기가 있었고, 선루프에서 떨어지는 빗소리에도 들리던 음악이 있었다. 어디로 향할지 모르는 목적지와 몇 시간이 걸릴지 모르는 질주는 인간이 느낄 수 있는 쾌락의 가장 자극적인 순간을 넘나들어 짜릿함을 주었다. 감성적이란 표현보다 황홀에 가까웠다. 러브홀릭의 〈Rainy Day〉가 흘러나온다. 이 노래는 특히 추억이 많은 노래다. 비 오는 날 다녔던 드라이브에 절대로 빠지지 않는 노래였기 때문이다. 오픈된 공간이 아닌 곳, 그러니까 비 오는 날의 자동차 안에서처럼 문이 모두 닫혀 있는 공간에서 어둑한 틈에 들으면 러브홀릭 지선의 우수 어린 목소리가 증폭되어 빗소리를 더 촉촉하게 만들어 주기에 기분이 몽글몽글해졌다.

    윤건의 〈걷다〉 노래가 나왔다. '하나 둘 셋'이라는 가사에 맞춰 눈을 떴다. 유리문을 바라보니 내리던 비는 거의 그쳤다. 그러나 여전히 비가 아직도 많이 오는 것처럼 모든 흐름은 그대로였다.

"잠 못 드는 밤 어떤 가요 ♪"

생각이 많아지는 날은 잠을 이루기 어려웠어. 유독 하루가 길게 느껴지는 밤에 장기하와 얼굴들 <사랑의 마음>을 듣곤 했어. 사랑의 마음은 어렵지만 잠은 푹 자야 한다고 말해주더라. 김윤아 <Going Home>은 고요한 밤을 외롭게 만들다가도 내일은 좀 더 괜찮을 거라고 이야기하는 노래야. 내일은 정말 더 좋은 일이 우리를 기다려 주기를. 어때? 오늘은 좀 잠을 잘 수 있을 것 같아?

@양보은

나는 에피톤 프로젝트의 <불면증>이 떠올라. 가사 내용처럼 잠이 안 오는 날은 보통 생각이 많은 날이지. 그때는 나의 처지와 비슷한 가사를 찾아서 노래를 들어. 티키틱의 <생각이 뚝뚝>이라는 노래가 가장 어울릴 것 같아. 누군가 나의 편안한 밤을 바란다면 얼마나 행복할까 하는 상상을 해봐. 그러면서 아이유의 <밤편지>를 듣지. 그리고 이제는 정말 생각을 끝내고 잠을 자고 싶다면 아이유의 <무릎>도 좋은 선택이라 생각해.

@강상준

애즈원의 <십이야>가 가장 먼저 떠올라. <십이야>는 오케스트라의 세션이 풍성하게 받쳐줘서 한 편의 드라마를 보는 듯한 느낌을 자아내. 열두 밤이 지나도 잊을 수 없는 마지막 사랑을 떠올리며, 처연한 마음을 이 노래를 들으면서 달래고, 우스꽝스런 희곡이지만 제목이 같아서 그런지 셰익스피어의 <십이야>를 펼쳐보게 돼. 장백지가 연기했던 영화 <십이야>도 생각나고.

@jacques

2018년 6월 4일

요즘 엘리베이터를 탈 때 마주치는 강아지가 있어. 붉은색 유모차에 앉아 산책 가는데 조금은 내가 익숙해졌는지 반갑게 꼬리를 살짝 흔들어 주거나 코를 가져다 대고는 해. 만날 때마다 함께 산책을 나가시는 할머니가 "언니를 또 만났네."라고 하시는데 그럴 때마다 강아지와 할머니의 다정한 눈맞춤이 떠나보낸 강아지를 떠오르게 해. 이런 날에는 꼭 다린 〈가을〉을 들으며 추억을 떠올려.

우리는 내가 막 초등학교를 들어갔을 때쯤, 아무것도 모르던, 그런 시절에 만났어. 어느 날 밤에 술에 취한 아빠가 노란 이마트 봉지에 그 아이를 담아 터덜터덜 들고 들어오셨지. 예쁜 아이보리색의 작고 포동포동한 그 아이는 조금 더러워 보이고 냄새도 나는 것 같았지만 그저 소원을 들어줬다는 생각에 마냥 행복했어. 물론 아빠는 엄마에게 엄청나게 깨졌지. 하하. 잠시 어찌할지를 몰라 작은 토끼장에 넣어뒀는데 긴장했는지 달달 떨면서 나를 쳐다봤어. 지금 생각해 보면 그날은 그 아이가 엄마랑 처음으로 떨어졌던 날이었겠구나 싶어. 따뜻한 우유도, 물에 불린 사료도 아무것도 입에 대지 않았어. 긴장했다고 생각했지만 어쩌면 엄마랑 떨어지게 된 것이 슬펐던 걸지도 몰라. 다음 날 아침 눈을 떴더니 엄마와 아빠가 이미 다시 돌려보내 주고 왔더라고. 엄마는 집에 오자마자 엉엉 눈물을 흘리며 동그랗고 커다란 눈이 다시 보고 싶다고 이야기했어. 짧은 반나절도 안 되는 사이에 가족이 되어 버렸던 거야. 운명이었을까? 그렇게 그 아이는 둘도 없는 존재가 되어 거의 모든 것을 함께 했어. 함께 하지 못하는 순간에도 항상 입가를 맴돌았고, 사랑하는 모든 사람이 존재를 알게 되었지.

나는 롤러스케이트를 신고 함께 달리는 것을 좋아했어. 당시 우리 동네에는 꽤 높은 언덕이 있었는데 빨리 달려 올라가는 내기를 하기도 하고 친구들에게 함께 달리는 모습을 보여주며 자랑하기도 했었지. 그때 그 아이는 긴 혀를 내밀고 살짝 웃음을 짓는 예쁜 얼굴을 하고 나와 눈을 마주치며 달려주었어. 그 웃음을 보며 함께 달리던 순간은 언덕의 힘든 것도 잊게 해주었지. 초등학교 고학년 때쯤 동네를 산책하던 중에 날 괴롭히는 남자친구들을 만나게 된 적이 있어. 역시나 친구들은 툭툭 시비를 걸려고 다가왔는데 그 아이가 엄청나게 큰 목소리로 무섭게 경고를 해주는 거야. 내가 들었는데 분명 '꺼져'라고 하는 소리였어. 그때 소리를 지르며 부리나케 도망가던 모습은 지금 생각해도 너무 웃

거. 사실 쉬운 상대였다는 걸 느꼈을까? 그랬다면 조금은 민망한걸. 괜히 무서운 척했던 것 같거든.

그 아이는 점점 없어서는 안 될 가족으로 자리 잡아 갔어. 내 동생이 된 그 아이는 점점 더 멋진 모습으로 자라났어. 나는 점점 안경잡이로 못생겨 가는 것 같은데 동생은 건강한 근육이 생겨나고 더욱 남자다운 모습이었거든. 진해지며 윤기 나는 베이지색의 털과 함께 곳곳에 어우러져 있는 살짝 아이보리 흰색의 털은 촉촉한 까만 눈과 코를 더욱 빛나게 해줬지. 그 노래 알아? 〈예쁜 아기 곰〉이라는 동요. 유치원 때 그 노래를 배웠는데 이상하게 그 노래만 부르면 눈물이 나는 거야. 그때 당시의 동생을 보면서 이미 나만의 예쁜 아기 곰이 생길 것을 알고 있었던 것이 아닐까? 그래서 그렇게 미리 울었을까? 하는 생각이 들었어.

우리는 항상 같은 곳으로 산책하러 나갔어. 서로 방향을 제시하지 않아도 발맞춰 걷고 있는 모습을 발견했지. 어느 눈이 펑펑 내렸던 겨울밤에 함께 공원으로 들어서는데 아무도 밟지 않은 눈이 포근하게 쌓여있는 거야. 너무 신이 났던 우리는 무작정 전력 질주를 했어. 근데 내 동생이 산책로 옆에 있는 눈이 쌓이지 않은 갓길 위로 올라가 조심스럽게 사뿐사뿐 걷고 있는 거야. 하하. 그 뒤로 눈이 쌓여 있는 길처럼 나름 더럽다고 생각되는 곳을 피해 솟아나 있는 갓길로 조심스럽게 걷는 습관이 생겼어. 매번 영상으로 남기면서 얼마나 많이 웃었는지 몰라. 어쩜 이렇게 깔끔할 수가 있을까?

중학생 때 하루는 학교에 있는 동안 아빠가 함께 산책하러 나갔는데 글쎄, 내 동생을 잃어버렸다는 거야. 그 연락을 받았던 순간부터 동생을 찾아다녔던 기억은 지금도 잘 떠오르지 않아. 하지만 그 겁 많은 아이가 커다란 눈을 더욱 커다랗게 뜨고 잔뜩 움츠러든 어깨를 해서는 혼자 신호등을 두 개나 건너 집으로 오고 있는 모습은, 세상에! 아직도 잊을 수가 없어. 잃어버렸다고 하는 순간에도 심장이 무너져 내렸는데 그 모습을 보는 순간 덜컥하며 아! 내가 심장이 두 개가 있다는 걸 알게 됐다니까. 미친 듯이 이름을 부르며 달려갔는데 그 모습에 더욱 놀라는 것 같았어. 동생도 많이 패닉이었겠지? 한참을 기다려 나를 알아보고 달려오는 모습을 보는 순간에 바득바득 이를 갈았던 것 같아. 아빠를 용서하지 않겠다!!

우리가 조금 더 컸을 때, 새로운 강아지가 하나 더 생겼어. 이때부터였을까? 과한 애정과 집착을 쏟기 시작했던 것이. 그 누구도 쉬이 내 동생을 건드릴 수 없었어. 동생이 싫어할 행동을 하면 자연스럽게 "내 애기 건들지 마!"라는 소리가 절로 나올 정도였지. 본능적으로 내 애기가 느낄 질투심을 먼저 생각했어. 새로 온 강아지는 사실 너무 귀여웠거든. 내 애기가 처음 왔을 때 보다 더 작았고, 긴 속눈썹과 보송보송한 털에 가려진 작은 눈은 처량해 보이기까지 해서 누구에게나 보호본능을 일으키고 감탄사를 끌어냈지. 하지만 나는 절대 무너지면 안 된다고 생각했어. 언제나 내 애기가 제일이니까. 나까지 넘어가는 순간 혹시나 뒷전이 되었다는 감정을 느끼게 될까 봐 눈길 한번 안 줬어. 좋은 것만 보고 좋은 감정만 가지면서 살았으면 했던 것 같아. 그렇게 우리는 서로의 껍딱지가 되어가면서 가족 안에서 무적의 한 쌍이 되어갔어.

대학생이 되었을 때 많은 과제의 부담을 느끼며 바닥까지 지친 모습으로 집으로 들어왔던 적이 있었어. 새벽에 과제를 하고 있는데 내 애기가 문턱에 서서는 졸린 눈으로 보고 있더라고. 마치 '너 아직 안 자고 뭐 하냐?'고 하는 것 같았어. 너무 커버린 내 애기가 작은 회전의자에 앉아 졸린 눈을 하고 과제를 하는 모습을 계속 지켜보며 기다려 주는데 '아 내가 이제 좀 쉬어도 되는구나'하는 안도감이 들면서 그때서야 온몸에 피가 돌더라고. 과제가 끝난 새벽에 서로의 얼굴을 마주 보고 이야기를 나누다가 어느 순간 등을 맞대고 누워 잠에 스르르 빠져들던 그날은 잊지 못할 거야. 등을 타고 전해지는 온도가 온갖 스트레스로 타이트하게 막혀 있던 몸을 함께 녹여주었던 그날 말이야.

내 애기는 점점 나이가 들어갔어. 나는 이제야 얼굴이 자리 잡혀가는 것 같았는데 지금 생각해 보면 우리의 사진 속에서 함께 전성기였던 적이 없는 것 같아 아쉽네. 늘어져 가는 턱과 눈 주름, 쌓이는 각질과 빠지는 이, 터덜터덜 느려져 가는 발걸음. 그래도 여전히 어느 곳을 가던 내 애기가 제일 예쁘더라. 그쯤부터인가 밥을 잘 먹지 않았어. 매 끼 다른 음식을 줘야 조금이라도 맛보는 시늉을 하더라고. 밥을 먹이기 위해 별 방법을 다 써봤어. 북엇국도 끓이고 치즈도 직접 만들고 고구마, 각종 고기와 야채를 섞어서 화식도 만들어 보고. 빼앗아 먹는 시늉을 하면 먹기도 한다는 이야기를 듣고는 안 되는 연기로 맛있게 먹는 시늉을 하기도 했어. 나중에는 제발 조금이라도 밥을 먹어 달라고 앞에 앉아 싹싹 빌기도 했어. 그 마음을 조금이라도 알았는지 항상 반 이상은 먹으려고 노력해 주는 모습이 얼마나 기특했는지 몰라.

우리는 점점 누워서 보내는 시간이 많아졌어. 당시 사용하던 침대는 좀 높은 편이었는데 오르내리기 힘들어하는 모습을 보며 단숨에 침대도 버려버렸지. 배변 활동을 참기 힘들고 어둠 속에서 눈이 밝지 못해 자주 이불에 실수를 하고 먼 곳을 바라보며 처진 뒤통수로 멍때리는 모습을 견딜 수가 없었어. 그래서 오히려 10kg이 훌쩍 넘은 내 애기를 안아 들고는 방을 돌아다니면서 어르고 달래며 원래 다 실수하고 그런 거라고, 이불 전체가 오줌이어도 아무렇지도 않다고 이야기하면서 신문으로 덮고는 그 위에서 잠을 잤어. 주눅 드는 게 너무 싫었거든. 그렇게 우리는, 아니 어쩌면 나 혼자 계속해서 약속했던 거 같아. 누가 먼저 가든 우리는 언제나 같은 곳에 함께 있을 거라고.

2018년 6월 4일, 숨이 가쁘게 내쉬는 모습을 보는 순간은 이루 말할 수 없이 고통스러웠어. 어찌해야 할지 모르겠어서 발을 동동 구르다가 잘 움직이지 못하는 내 애기를 위해 큰맘 먹고 샀던 2인용 커다란 사람용 유모차에 조심스럽게 태워 덜컹거리는 인도 위를 원망하고 차가 없는 나를 원망하며 병원으로 달려갔던 순간을 기억해. 진료를 받고 있는 내 애기를 하염없이 기다리며 회사도 안 가고 깜깜한 밤이 올 때까지 병원 앞 벤치에 앉아 쏟아지는 눈물을 주체하지 못하고 있을 때 드디어 병원에서 연락이 왔어. 지금 보러 오라고.

　해줄 수 있는 게 없대. 이제 내가 해줄 수 있는 건 아무것도 없대. 한때는 엄청 무거웠던 내 애기가 그날따라 왜 그렇게 가볍고 작게 느껴졌는지. 그런 순간에 선택하라고 하더라. 평생 살아오면서 그렇게 가혹한 순간은 처음이었어. 내 손으로 죽음을 선택해야 한다는 게 말이야. 주어졌던 작별 인사의 시간 속에서 이 모든 상황이 머릿속으로 이해하고 싶지도 않았고 현실이라고 생각하고 싶지도 않았어. 우리가 어떤 순간순간을 함께 해왔는데 어떻게 그 순간들을 혼자 추억할 수 있겠어. 손안에 여린 목이 떨궈졌을 때 내가 한 약속도 지키지 못하는 내가 너무 싫었어. 무엇이 최고인지 알 수 없어서, 선택한 모든 것이 옳았는지에 대한 혼란으로 가득했던 장례식장에서도 나는 최고의 것을 해줄 수 있는 여력조차 되지 못하는 사람이더라. 그렇게 내 애기를 떠나보내고 어떻게 살아갔는지 몰라. 낮에도 밤에도 회사에서 집에 돌아오는 버스에서도 그렇게 하루하루를 울면서 보냈어.

　몇 년의 시간이 흘렀을 때쯤 우연히 멜론 추천으로 다린의 노래가 흘러나와 앨범을 찾아 듣게 되었어. 그 앨범 중에 〈가을〉이라는 노래가 마음에 콱 꽂혀오더라. 스스로를 원망하고 원망하며 보내고 항상 등 뒤에 무엇인가가 있어야 잠들고 사라져가는 흔적을 잡지 못해 안달이 나 있던 몇 년의 시간을 이제는 보내줄 때가 되었다고 내 애기가 와서 예전처럼 쳐다보며 다독여 주는 것 같았어. 그러던 어느 날 다린의 공연을 보러 가게 되었어. 따뜻하고 어스름한 푸른 빛의 공연장에서 울려 퍼지는 다린의 목소리에 얼마나 많은 눈물을 흘렸는지 몰라. 순간 내 애기가 너무 보고 싶었던 거 있지. 그 후로도 마음이 너무 힘들어 위로가 필요한 날에는 언제나 이 노래를 들었어. 고소하던 노란 털의 냄새가 코를 스쳐 가는 것 같았거든.

나는 여전히 등 뒤가 따뜻해야 잠이 잘 오고 매 보름마다 보름달에게 꿈에 나오게 해달라고 소원을 빌지만 이제는 하루하루를 울면서 보내지는 않아. 다린의 노래에 나오는 것처럼 사랑이 지나가는 길목에 서서 우리가 서로 다른 모습으로 있더라도 내 애기가 없는 이 순간을 나는 더는 미워하지도 원망하지도 않을 거고, 살살 불어오는 이 바람에 한 번 더 추억하며 시간이 흘러가고 떨어져 있어도 우리는 그대로 사랑하고 있다는 걸 깨닫게 되었으니까.

술과 나의 이야기

힘겨움의 연속인 하루를 마감할 시간쯤, 나도 모르게 벽시계에 눈빛이 고정된다. 직업(학원)의 특성상 8시 정도 되면, 하루의 마무리를 준비하는 시간이다. 아이들은 자라나는 맑고 순수한 새싹들이라 그 누가 말했던가? 그렇지 않다. 요즘 아이들은 우리가 경험하고 살아왔던 그 시절의 순수함이 묻어 있는 존재들만은 아닌 것 같다. 아이들과 정신없는 하루의 일과를 마무리할 때쯤, 이 시간쯤 되면 나의 봄에 있던 에너지는 다 고갈이 되어가고, 그 에너지를 보충해줄 술이란 녀석이 생각난다. 어느 순간부터 하루의 마무리는 항상 동네에 있는 가장 큰 슈퍼인 마트로 향하는 것이 되었다. 그때마다 내 등엔 항상 튼튼한 책가방이 함께한다. 출근할 때는 책가방의 용도이자, 퇴근할 땐 시장 가방의 역할을 하는 나의 분신과 같은 다용도 책가방이다. 마트에 가면 제일 먼저 향하는 곳은, 참새가 방앗간을 그냥 지나칠 수 없듯이 내 발걸음도 술 가판대로 향한다. 소주 한 병, 맥주 피쳐 하나를 장바구니에 담으면 나의 마트 쇼핑은 끝이다. 그다음부터는 집사람의 저녁 식사를 위한 쇼핑이 시작되고, 쇼핑이 끝나면 내 분신과 같은 책가방에 다 쓸어 담는다. 신기하게도 책이 들어 있는 상태인데도, 장바구니에 담겨있던 모든 것들이 책가방 안으로 쏙 들어간다. 마술을 부린 듯 참 신기한 현상이다. 술을 마실 때마다 집사람은 "맨날 술이야~맨날 술이야~"라 뾰로통하게 말을 하지만, 집사람은 안다. 내가 술을 찾는 이유를.

본디 술을 좋아하거나 많이 마시지도 않았던 나였었다. 술을 마시면서 술주정처럼 말이 많아지는 상황도 싫었고, 몸을 가누지 못하고 휘청거리는 모습도 싫었고, 무엇보다도 술에 대한 부정적인 생각들이 많았기 때문에 멀리하고 싶었었다. 그런데 운명의 장난처럼 지금은 나의 누구보다도 더 소중한 벗이 되었다. 오늘도 변함없이 마트에서 사온 소주를 소주잔 위로 쪼로록 넘칠 듯 말 듯 한잔 을 따른 후 들이킨다. 찌릿찌릿하다. 소주 특유의 똑 쏘는 맛이 뇌를 자극하고 내 감정선 속으로 깊이 파고 스며든다. 한잔 두 잔 세잔. 한 병이 바닥을 보일쯤이면, 나의 감정 세포들이 충돌하며 화학반응을 일으킴과 동시에 내 머릿속 깊은 곳에 있는 아픔을 건드리며, 아픈 기억 들을 재생시킨다. 그때부터 내 감정은 무한 폭발의 과정을 겪으면서, 눈물이라는 슬픔의 결정체를 두 뺨 위로 주르륵 흘러내리게 한다. 이렇듯 나에게 술은 아픔을 잊기 위한 하나의 수단인 것이다. 감정의 휘몰아침 과정을 겪고 난 후 거울 속에 비친 내 모습을 바라보며, 타임머신을 타고 추억 속으로 빠져들어 간다.

술로 인한 아버지의 삶

어린 시절 술로 인한 아픔과 고통의 시간 들을 많이 경험했던 나였기에, '내 인생에 술은 없다' 다짐했었다. 어린 시절 술은 나에게 고통을 안겨다 주는 불길한 존재였다. 항상 술의 등장과 함께, 나의 고통의 시작이었기 때문이다. 내 고통의 근원은 아버지 옆에 항상 존재하는 술이었다. 그 당시 아버지는 마을 내에서 소문난 술꾼이었다. 술만 입에 들어가면, 그날은 집안의 공기는 얼음처럼 얼어붙는다. 술에 취한 그 분을 말릴 수 있는 건 이 세상에 아무것도 없었다. 술은 곧 자신에게 최고의 힘을 준다고 생각하셨던 것 같다. 말릴 사람도 없고, 모두 자신의 말 한마디에 복종을 해야 했었고, 그 복종을 거부하는 사람에겐 가차 없는 폭력을 구사해도 정당화되었기 때문이다.

그 무엇이 아버지를 그렇게 만드셨을까? 술을 옆에 둔 삶과 술이 옆에 없는 삶의 온도 차이가 확실히 컸었다. 아버지는 술의 나쁜 유혹에 본인의 모습을 잠식당해 버린 것이다. 그래서 본인의 '내면의 선함'을 현실이라는 각박한 삶 속에서 '내면의 악함'으로 변질시켜 버렸던 것이다. 돌이켜 생각을 해보면 조금은 이해할 수 있을 것도 같다. '가진 땅 덩어리 하나 없이, 가난 속에서 가장으로 역할을 해야만 한다는 삶의 무게가 너무 컷을 것이다.' 내면의 모습은 정말 착하신 분이었는데, 아버지의 삶의 환경이 당신을 그렇게 막강 파워를 가진 빌런으로 만들지 않았나 싶다. '사람은 본디 선한 마음을 가지고 태어난다'라는 맹자의 성선설을 믿는 편이다. 악한 마음으로 태어났다기보단, 살아가는 과정에서 선함이 악함으로 변했을 거라 믿는다. 아마 아버지도 그러셨던 것 같다. 아버지는 악함에게 패한 후 본인의 선함을 잊어버린 채 사셨던 게 분명하다. 자신의 젊은 시절 가족들에게 행하셨던 행동들이 모두에게 커다란 아픔으로 남았다는 걸, 아마 아버지도 알고 계셨을 것이다.

일 년에 서너 번은 나들이 겸해서 서울에 사는 자식들 보러 서울에 올라 오신곤 하셨다. 글을 모르셨었기에 항상 오신다는 소식 들으면 모시러 터미널에 가야만 했었다. 오신다는 스케줄에 맞춰 항상 시간을 빼놓아야만 했었기에, 솔직히 오실 때마다 번거로움이었다. 아버지가 서울에 오실 때마다 항상 제일 바쁜 건 집사람이었다. 그 사람은 항상 아버지 곁에서 이야기 들어주면서 말동무가 되었던 사람이다. 여느 때처럼 아버지의 짧은 서울 나들이 후 시골로 내려가신 후 얼마 되지 않아, 건강하셨던 아버지가 갑작스레 건강 약화로 운명을 다하시게 되었다. 돌아가시기 최근 몇 년 전까지도 난 아버지에 대한 미움 때문에, 따뜻한 말 한마디 잘 건네드리질 못했었다. 나도 모르게 아버지만 보면 자꾸 화가 났기 때문이다. 아마도 아버지에 대한 나의 원망이 지금까지도 해소되지 않고, 남아 있는 이유는 엄마에 대한 아픔 때문일 것이다. 그렇게 평생을 미워했던 아버지가 갑작스럽게 내 곁을 떠나셨다. 가시는 그날 절대 눈물을 흘리지 않을거라 생각했다. 한편으론 속이 후련할 줄 알았다. 그런데, 그게 아니었다. 마지막 가시는 그 모습을 보고 많은 눈물을 흘렸다. 그 눈물의 의미는 나에게 어떤 것이었을까? 아버지의 삶에 대한 연민의 눈물이었을까? 아님, 자식으로써 좀 더 아버지의 마음을 이해해 주질 못했던 후회의 눈물이었을까? 알 순 없지만 그렇게 아버지는 내 곁을 떠나셨다.

아버지를 생각하면 불현듯 떠 오르는 노래가 있다. 윤민수의 〈술이야〉. 격정의 끝을 보여주는 감성 때문에 윤민수의 노래를 자주 찾아 듣는 편이다. 사랑하는 사람을 떠나보낸 후 술로 아픔을 잊고자 술에 의지해 보지만, 결국엔 그 아픔이 더 커진다는 걸 윤민수만의 감성으로 표현한 노래다. 노래가 딱히 아버지를 연상시키는 부분은 없지만, '맨날 술이야~ 맨날 술이야~' 부분이 내 아버지의 모습과 많이 오버랩 되어 거하게 취기가 오를 때 종종 아버지를 생각하며 듣는 노래 중 하나이다. "맨날 술이야~ 맨날 술이야~"

아버지로 인한 엄마의 삶

'엄마'란 단어는 내게 아픔의 단어이다. 길을 걷다가도 "엄마" 소리만 들려도 뒤돌아보고, 눈물을 훔치곤 한다. 나에게 엄마는 아픔이다. 나의 30대를 술에 의지한 채 살게 했던 분도 바로 엄마다. 엄마는 나에겐 꽃보다도 더 아름다웠고, 꽃보다도 더 착한 마음을 가지셨던 분이었다. 그 아름다웠던 꽃이 너무 빨리 져 버려서, 지금도 엄마를 그리워하며 살고 있는 것 같다. 엄마란 말 몇 마디에 벌써 눈물이 주르르 흐른다. 이렇듯 엄마는 내 인생의 전부였고, 소중했고, 기나긴 아픔의 길을 걷게 하셨던 분이다. 이런 엄마와의 짧았던 나의 이야기를 추억해 볼까 한다.

엄마는 참 고우셨다. 꽃처럼 고왔던 분이, 꽃이 만개하기도 전에 가난한 집안에 시집을 와서 많은 구박 속에서도 꿋꿋하게 우리를 키우셨다. 아침이 찾아오기 전부터 엄마는 제일 먼저 일어나서 가족들을 위해 아침을 꾸리시고, 그다음부터는 항상 밭일에 논일이 밖에서 일을 하시면서 자신의 젊음을 다 바치셨다. 온갖 아버지의 피박 속에서도 엄마는 항상 꿋꿋하셨다. 엄마의 유일한 즐거움은 자식들이 형제간에 서로 우애하며, 성장해 가는 모습을 지켜보는 것과, 몸뻬바지 속에 항상 지니시고 다니셨던 담뱃잎을 말아 만든 담배였다. 삶의 고단함을 잊기라도 하듯이 하루의 온갖 궂은일을 하시곤, 뿌연 연기 속에 자신의 한을 담아 길게 내뿜는 순간이 엄마에겐 행복이었나 보다. 그땐 그걸 참 못마땅하게 생각했었다. 난 엄마 마음속에 맺혀있는 못다 핀 꽃의 절규를 알지 못했던 것 이다. 그렇게 평생을 허리 한번 펴보시지 못하고, 밭일, 논일에 엄마는 점차 꿋꿋했던 허리가 자꾸 시들어 가는 꽃처럼 땅을 향하셨다. 젊은 나이에 엄마는 그렇게 구부정한 허리를 갖게 되신 거다. 그래도 괜찮았다. 나에게 엄마는 꽃처럼 고우셨던 분이었기에. 기억이 난다. 운동회 때만 되면, 엄마도 하루의 휴가 내셨다. 없는 살림에 무엇을 그리도 많이 준비하셔서 오셨는지, 김밥이며, 좀처럼 먹기 힘든 쌀밥에, 소시지 반찬까지, 한 상을 차려 오셨다. 그중에서도 백미는 계란찜이었다. 엄마만의 특별한 레시피로 만든 계란찜. 집사람도 종종 계란찜을 해주곤 한다. 둘 다 훌륭한 맛이지만, 엄마의 계란찜과 집사람의 계란찜엔 약간의 재료의 차이가 있다. 집사람의 계란찜도 예술이지만, 그때 엄마의 계란찜을 난 아직도 잊을 수가 없다. 지금은 흔한 재료지만, 그 시절엔 계란은 귀했다. 아니, 우리 집에선 귀했다. 엄마만의 요리 신공으로 적은 양의 계란으로 풍성한 계란찜을 만들어 오신 거다. 난 알고 있었다. 그 계란찜의 비법을. 비법은 간단했다. 적은 양의 계란으로 여러 자식들이 먹기 위해 서는 물과 밀가루를 첨가해서 잘 섞어주면, 엄마만의 특별 계란찜이 되는 것이다. 가끔씩 엄마의 요리 신공 비법으로 만든 계란찜이 너무너무 그립곤 한다.

이렇게 나의 삶의 대부분을 차지했던 엄마가, 일찍 내 곁을 떠나셨다. 예쁜 꽃 한 송이가 내 삶에서 사라져 버린 것이다. 서울에 올라오시는 일이 거의 없던 엄마가, 웬일로 서울 나들이를 하신 거다. 안 하시던 갑작스러운 서울 나들이가 나에게 불행의 시작이었다. 눈이 오던 겨울밤. 자정이 될 쯤 시간에 전화벨이 울렸다. 서울 나들이하신 후 시골에 내려가시는 길이셨으니깐 당연히 "잘 도착했다."라는 전화일 줄 알았다. 전화기 너머로 울음 섞인 목소리가 들린다. 행복과 불행은 한 끗 차이였던 것이다.

엄마를 떠나보내며, 참 많은 눈물을 흘렸다. 지금도 항상 생각하지만, '그때, 그 순간, 엄마를 시골에 내려가지 못하게 했어야 했는데…'. 살면서 그렇게 많이 울었던 적은 없었다. 그냥 내게서 하늘이 무너져, 세상이 다 끝나버린 느낌 뿐이었다. 엄마는 그렇게 자신의 꽃을 피워 보지도 못하고, 우리 곁을 떠나셨다. 엄마가 내 곁을 떠나신 후로 많은 삶의 변화가 나에게 찾아왔다. 나의 30대, 제정신을 가진 사람으로서 살아갈 수가 없었다. 낮의 삶은 사회인으로서 죽을 듯 일만 하며 살았다. 그렇지 않으면 머릿속에 온갖 슬픔이 밀려 와 죽을 것만 같았기 때문에. 밤의 삶은 술과 함께한 시간 들이었다. 잊으려고 하면 할수록 슬픔은 나를 더 옥죄해 왔다.

하지만, 정말 다행인 건 인간은 '망각의 동물'이란 거다. 세월의 흐름 속에 엄마에 대한 추억은 변함없이 나의 머릿속을 맴돌았지만, 난 또 나 나름대로 살아가야 할 삶의 이유가 있다. 나에겐 책임을 져야 할 사람들이 존재 했다. 그게 바로 앞으로의 내가 살아가야 할 삶의 이유였다. 앞으로 내가 살아가야 할 삶은 과거의 아픔 속에 침몰한 채 살기엔 너무 남은 시간이 많다.

엄마만 생각하면 내게서 눈물 콧물 다 쏟게 만드는 노래가 있다. 왁스의 〈엄마의 일기〉. 이 노래는 내 노래방 18번 곡이자, 시작과 동시에 눈물을 쏟아내면서, 눈물로 흐느끼면서 마무리하게 되는 노래 중 하나다. 꽃처럼 사시다가 그 꽃을 피워 보지도 못하고 나의 곁을 훌쩍 떠나 버리신 엄마. 아마 엄마가 일기를 쓰셨다면 바로 이 노래 속의 가사 그대로일 것이다. 노래방에서 이 노래를 부르면서 흘렸던 나의 눈물은 아마도 한강 물의 반 이상은 채웠을 거라 생각한다. 엄마가 내 곁을 떠나신 지 20년이란 세월이 흘렀지만, 아직도 왁스의 〈엄마의 일기〉의 '우연히 서랍 속에 숨겨둔 당신의 일기를 봤어요' 조금은 아물어진 내 가슴속을 가시가 되어 찌르면서 눈물을 쏟아내게 만든다.

짧은 삶을 살다 간 작은누나

누나는 나보다 3살이 많다. 어렸을 때부터 당찼고, 욕심도 많았던 누나였다. 터울이 많지 않다 보니 거의 내 인생의 동반자와 같은 존재였다. 어린 시절 누나는 힘든 삶을 살아야 했다. 그 당시 가정형편 때문에 학교를 제대로 갈 수 없었던 집은 거의 찾아볼 수 없었지만. 우리 집은 그런 집중에 하나였다. "나도 친구들처럼 교복 입고 학교 다니고 싶은데…." 누나의 이 한마디가 내 가슴속에 박혀서 도려 내려해도 도려 내지가 않는다.

'어린 나이에 의지와 상관없이 삶의 전선에 뛰어들어야 했던 나의 아픈 손가락'

그렇게 욕심 많고, 열심히 살던 누나나 짧은 인생을 살고, 엄마와 함께 내 곁을 떠나 버렸다. 나의 20대를 거의 동고동락 하듯이 함께 했던 누나. 엄마가 보고 싶을 땐 항상 같이 보고 싶은 나의 사랑. 그래도 다행인 건, 그 적막한 곳을 혼자가 아닌 엄마와 함께 있는 것이다. 지금도 생각이 난다. 경기도에 위치한 시골스러운 마을 '사들'. 그곳에 큰누나가 살고 있었다. 유독 형제간에 우애가 돈독했던 우리는,

한 달에 한 번씩은 먼 거리 상관없이 달려와서 서로 안부 전하며, 고기 구워 먹고, 옹기종기 모여 항상 "하하호호" 웃으며 우애를 돈독히 다지곤 했었다. 그렇게 행복한 시간 들 속에서 활활 타올랐던 장작불의 불씨가 사라지기도 전에, 소중했던 시간 들을 뒤로 하고 누나는 홀연히 엄마와 함께, 무서웠는지 매형까지 데리고 우리 곁을 떠나 버렸다. 인생을 살면서 형제간에 제일 소중했던 추억이 남는 그곳 '사들'에 이제 나의 인생 친구이자 동반자와 같았던 작은누나는 올 수가 없는 사람이 되어 버렸다. 자신의 어렸을 적 가난한 환경을 원망 한번 안 하고, 그렇게 가족들을 위해 열심히 삶을 살았던 누나. 보고 싶다.

내 인생의 눈물의 정점을 찍어준 누나를 생각하면서, 꼭 한번 같이 듣고 싶은 노래가 있다. 수와진의 〈영원히 내게〉. 차가운 겨울바람이 날카로운 면도날처럼 피부를 파고들며 가난한 젊은 연인의 뺨을 야리게 할 때도 두 연인은 명동으로 향했다. 발 디딜 틈 없는 사람들 사이로 두 연인은 손을 꼭 잡고 화려한 불빛 사이를 사랑스럽게 거닐다, '나에게 돌아와 이젠 내게 있어 줘 영원히 내게' 어디선가 들려오는 노랫소리에 발걸음을 멈춘다.

자신보다 어려운 사람들을 위해 칼날처럼 매서운 바람 속에서도, 기타 하나 들고 선행을 이어가던 '수와진'. 우리 젊은 시절엔 명동은 지금의 홍대와 같은 곳이었다. 그곳엔 항상 '수와진'이 있었다. 만약에 타임 루프를 할 수만 있다면, 누나가 내 곁을 떠났던 시간으로 돌아가서 시간을 돌려

놓고, 함께 명동 거리를 거닐며 이 노래를 들려주고, 영원히 우리 곁에 있어 주라고 애원하며 시간을 붙들어 놓고 싶다.

음악은 삶과 죽음을 잇는 다리

　무겁고 습하던 여름 공기가 상큼한 가을 바람에게 자리를 내어 줄 때쯤이면 나도 모르게 입에서 흘러나오는 노래가 있다. '바람이 불어오는 곳 그곳으로 가네' 김광석의 노래는 왠지 모르게 슬픔이 짙게 묻어난다. 〈바람이 불어오는 곳〉은 다른 노래와 분위기가 사뭇 다르게 경쾌하고 리드미컬하게 들리는 노래다. 이 노래를 듣고 있노라면 지금 당장 어디론가 떠나 바람을 맞으며 휘파람을 불고 싶게 만든다.

　노래 프로그램 중에 '히든 싱어'라는 프로가 있었다. 원조 가수와 모창 가수 5명이 커튼이 드리워진 통 안에 들어가 노래를 부르면 출연 연예인과 게스트 100인 패널들이 목소리를 듣고 진짜와 가짜를 가리는 방식으로 진행된다. 1라운드부터 4라운드까지 4곡의 노래를 들으며 원조와 모창 가수를 찾아낸다. 목소리부터 창법까지 똑같이 따라 하는 모창 가수가 원조 가수를 이기는 경우도 종종 있었다. 2012년 시즌1을 시작으로 2022년 시즌 7까지 방영되었다. 시즌이 시작될 때마다 기대하고 기다리는 이유는 내가 좋아하는 가수가 나오면 프로가 방영되는 동안 온전히 그 가수의 노래에 흠뻑 젖어 들을 수 있기 때문이다. 또 찐팬이라면 원조 가수를 찾아내는 재미도 있다. 자주 듣는 가수의 노래가 나오면 나는 원조 가수를 맞추는 확률이 70%쯤 되었다.

시즌2가 시작되었다. 영원한 가객 김광석을 대대적인 광고와 예고편을 내보내며 시청자의 눈길을 끌어들였다. 이미 고인이 된 김광석이 히든 싱어에 출연한다는 말도 안 되는 광고였다. 이게 가능하다고? 진짜 출연을 한다고? 눈과 귀를 의심했다. 김광석이 고인이 된 후 노래가 좋아 뒤늦게 입덕해 팬이 되었다. 말도 안 되는 일이 히든 싱어에서 벌어졌다. 현대 기술은 김광석을 소환했다. 그의 실제 출연은 아니었지만 목소리에 담긴 노래를 기술적으로 재현해 많은 사람을 놀라게 했다. 현대 기술은 못 하는 게 없었다. 보는 내내 신기했고 놀라운 기술에 한 번 더 놀랐다. 모창 가수들과 그를 기억하는 팬들은 노래를 들으며 눈물을 자아냈다. 나 또한 그랬다.

내가 서른쯤에 이 노래를 들었을 때는 지금과 다른 느낌이었다. 그때는 가사를 음미하기보다 그냥 노래가 들리는 대로 들었다. 같은 노래를 마흔이 되어 들으니 노래가 새롭게 다가왔다. 김광석은 삶의 굴곡이 얼마나 많았으면 노년의 나이가 되어야 느낄 수 있는 것을 서른쯤에 알아 버렸을까 싶다. 서른 나이에 예순의 삶을 생각하며 <서른 즈음에>을 부른 느낌이다. 서른쯤에 알 수 없는 것을 너무 빨리 알고 노래를 불러서였을까 그는 우리 곁에 오래 머물지 못하고 떠나 버렸다. 김광석의 목소리는 가슴을 후벼파며 쓸쓸함을 자아내게 했다. 멜로디와 가사에 가수의 목소리가 어우러져 환상의 찰떡궁합이 되면 노래의 생명력은 그 가수가 고인이 되어도 남아 누군가의 가슴을 어루만져 준다. 가수는 노래를 부르는 테크닉도 필요하지만 목소리에 어떤 감성을 담아 부르냐에 따라 듣는 이에게 와닿는 느낌이 다르다. 누구든 전성기가 있다. 그의 노래를 많은 이들이 좋아하고 지금까지 불리고 있는 걸 보면 김광석의 전성기는 고인이 되어서도 빛을 발한다. 인생이란 전성기로 치닫는 삶이 있다면 정점을 찍고 내려오는 시기가 있다. 우리네 삶도 그렇다. 인생은 등산과 같아 올라갈 때 보다 내려올 때 더 조심해야 하는 것처럼 내려왔을 때 어떤 모습으로 어떻게 살아가는지가 중요하다.

김광석 <서른 즈음에> 노래에 빠져 있을 때 노래방에 가서 노래를 불렀다. 내 나이 마흔이었다. 마흔이 되었을 때 <서른 즈음에> 노래가 가슴 깊숙이 파고들었다. Intro가 흘러나오자 가슴이 뭉클해지기 시작했다. '또 하루 멀어져 간다' 첫 소절을 시작하자 목이 메어와 더 이상 노래를 부를 수 없었다. 하루하루 점점 더 멀어져 가는 청춘에 아련함이 깃들었고 치열하게 살았던 서른쯤이 생각났다. 힘들었어도 젊은 시절이 빨리 지나가기를 바랐던 적은 없었다. 사랑하는 사람들과 함께 보내는 시간이 하루하루가 소중했다. 삶에 집착이 강한 편은 아니다. 그렇지만 살아 숨 쉬는 동안 열심히 살고 싶었다. 가족, 주변 사람들과 더불어 삶을 채워왔다. 혼자의 삶이 아니기에 조금은 양보하고 타협하며 큰 트러블 없이 지금껏 살았다. 함께 사는 것과 나답게 사는 것은 다르다. 타인을 위한 삶이 아닌 나를 위한 삶을 살고 싶었다. 빈 껍데기만 남은 인생이 아니라 나를 충만하게 채우며 사는 꿈을 꾸며 살아왔다. 마흔까지 채우는 삶을 살아왔다면 쉰부터는 비우는 삶을 살아가는 것이 삶에 바람이다. 주어진 삶에 하루하루 성실하게 살아왔는데 어느덧 마흔을 지나 쉰이 되었다. 마흔 고개를 넘어 쉰으로 향하는 나를 보며 괜스레 눈물이 났다. 어떤 감정이었는지 말로 표현할 수 없는 마음이다. 〈서른 즈음에〉는 마음 한구석을 메우며 자리 잡았다.

김광석의 〈먼지가 되어〉 노래를 들으며 문득 엉뚱한 생각을 해 보았다. 나에게 삶의 시간이 얼마 남지 않았다면 난 무엇을 할 것인가? 삶이 다하여 먼지가 된다는 것은 어떤 느낌일까. 김광석은 어떤 마음으로 노래를 불렀을까. 한 인간으로 존재하다 한 줌의 흙이 되고 먼지가 되어 우주의 떠도는 존재가 되는 순간 아무것도 아닌 것이 되어버린다. 태어나는 아기를 보면 두 주먹을 불끈 쥐고 태어난다. 손에 힘을 주어 삶의 의지를 나타낸다. 그렇다면 갈 때는 어떤가. 세상과 부대끼며 살아남기 위해 움켜쥐었던 손에 힘이 빠지며 쥐었던 손가락이 펴지고 힘마저 없어 모든 것을 내려놓고 간다. 눈에 보이지도 않고 잡히지도 않는 먼지가 되어 바람에 날려 자유로이 공간을 떠다니다 어느 한 곳에 안착하겠지 싶다.

언젠가 나도 지구별 시간이 다 되어 사랑하는 사람들과 작별해야 하는 날이 올 것이다. 그런 날이 온다면 주변 사람들이 슬퍼 우는 것보다 날 기쁘게 보내주었으면 하는 바람이 있다. 사랑하는 사람을 만나 사랑 많이 받았고 함께 할 수 있어 고마웠다. 아들은 자기 삶을 잘 살아가니 안심하고 갈 수 있을 듯하다. 나에 대한 욕심이 많아서 하고 싶은 것 다 하고 하는 것은 아니지만 사는 동안 행복했고 나답게 살았다. 떠나는 이가 있는가 하면 남는 이가 있는 것이 인생이고 삶이다. 죽음으로 아무 말도 없고 흔적도 없이 사라지지만 살아있는 이는 계속되는 삶을 살아가야 하기에 다시 두 주먹 움켜쥐고 살아가길 바란다. 인간은 망각의 동물이다. 망각을 하고 새로운 삶으로 채워야 살아갈 수 있다. 잊혀지는 속도가 다를 뿐이다.

히든싱어의 김광석 노래를 들으며 삶과 죽음을 생각해 보았다. 오십 나이가 오기 전에는 삶과 죽음이 별개라고 생각했다. 살아오며 깨닫게 되었다. 삶과 죽음은 공존하며 시공간 안에 함께 존재 한다. 사람이 죽으면 가장 마지막으로 닫히는 감각이 청력이라고 한다. 장례식장에서 곡을 하거나 장송곡을 부르는 이유가 여기에 있다. 만약 내가 죽은 후 장례식장에서 음악이 흐른다면 어떨까. 눈을 감고 죽기 전 듣고 가고 싶은 노래를 떠올렸다. 떠나는 나와 남아 있는 사람들을 위해 죽기 전 평소에 즐겨 듣는 플레이리스트를 만들어 두어야겠다고 생각했다. 내가 좋아하는 음악을 들으며 먼 길을 간다면 혼자 가는 길이지만 쓸쓸하지 않을 것이다. 남아 있는 사람도 음악을 들으며 함께 했던 순간들을 떠올려 주면 그것으로 날 찾아온 조문은 충분하다. 지나온 시간이 조금씩 빛을 발하며 잊혀 간다. 살아 온 삶을 다 간직할 것 같았던 것이 먼지가 되어 날아간다. 영원한 가객 김광석이 고인이 되어 우리의 곁에 노래로 남아 있듯 나도 내 글과 노래가 있었으면 한다.

집 그리고 공간

내가 살던 집들은 보통 3~4개의 방이 딸린 아파트였다. 이사를 갈 때마다 항상 현관과 가까운 방을 골랐는데, 안쪽에 있는 방은 나가는 순간까지 거리가 너무 멀다는 이유였다. 나는 집이 불편했다. 내 방이라는 이름의 방은 있지만 내 공간은 없었다. 집에 들어서는 순간 방으로 곧장 들어가 이어폰으로 귀를 차단했지만 내 공간은 형성되지 못했다. 쾅쾅 방문을 두드리는 소리와 함께 엄마의 목소리가 날카롭게 이어폰을 뚫고 들어왔다. 방문을 잠그는 것에 대해, 얼굴을 보이지 않는 것에 대해, 대화를 하지 않는 것에 대해 화가 잔뜩 나 있는 엄마와 함께 동의하는 아빠의 목소리는 억지로 만들어 내려고 하는 공간을 단숨에 부숴버렸다. 우리 가족에게 나는 별난 사람이었다. 그래서 그랬을까? 집에 있어도 집에 가고 싶은 마음이 굴뚝같았고 밖에 있어도 집에 가고 싶은 생각이 머릿속을 꽉 채웠고 습관적으로 입밖으로 흘러나왔다. "아. 집에 가고 싶다." 도대체 집이라는 건 뭐길래 이렇게 원하는데 갈 수 없는 걸까? 하는 생각도 들었다.

날이 갈수록 집이라는 것, 안전하게 있을 수 있는 공간에 대해 집착하기 시작했다. 처음에는 이어폰을 더 좋은 것으로 바꾸기도 하고 나중에는 귀 전체를 다 막아주는 헤드셋을 사용해 보기도 했다. 하지만 방문을 두드리는 소리, 이름을 부르는 소리, 거실에서 들리는 소리는 그 어떤 이어폰, 헤드셋도 막아주지 못했다. 결국 밖으로 나가기 시작했다. 할 수 있는 건 사람이 많지 않은 곳, 날 찾지 않는 곳에서 노래를 듣는 것뿐이었다. 하지만 사방이 뚫려 있는 밖에서는 밤이 되면 편안하지 못했다. 어둠 속을 두리번거리며 노랫소리를 줄이다 결국 돌아가기 일쑤였다. 그쯤 새로운 집으로 이사를 하게 되었다. 이번 방에는 베란다가 있었다.

그렇게 크지 않은 베란다에 자연스럽게 좋아하는 것을 쌓아가기 시작했다. 그 당시에는 각종 미술 관련 책과 동화책을 주로 모았다. 베란다의 한쪽 면이 책으로 뒤덮여 갈 때쯤 의자를 좋아하게 되었다. 사람의 인체의 굴곡에 맞춰진 의자의 굴곡이 좋았다. 작은 사이즈의 동글동글한 스툴부터 접이식 의자, 엉덩이 부분이 쑥 들어간 플라스틱 의자, 사람의 손과 몸이 닿을수록 모양이 변해가는 나무 의자까지 얼마 남지 않는 공간에 점점 위로, 옆으로 쌓여가기 시작했다. 엄마는 질색을 했지만 문을 열 때마다 쏟아지는 각종 물건에 결국 두 손 두 발 드셨다. 엄마가 포기한 순간부터

신이나 더 모으기 시작했다. 들어갈 공간은 점점 작아지고 있었지만 쌓아 올린 그 많은 의자들과 책들은 포근함과 안락함을 가져다주었다. 문을 열고 들어서는 순간 차가운 공기가 발바닥과 얼굴을 강하게 때렸다. 문을 꼭 잠그고, 유일하게 정말 앉으려고 가져다 놓은 딱딱하고 네모난 모양의 등받이가 있는 나무 의자에 앉아 무더기로 놓여있는 책더미에 발을 올리고 창문으로 비춰지는 바깥의 흩날리는 나무의 풍경과 함께 오묘하게 섞인 무작정 높게만 쌓아 올린 의자의 풍경을 바라보며 이어폰을 꽂았다. 그렇게 베란다에서 하루를 마무리했다.

노래는 무조건 캐스커였다. 캐스커를 처음 알게 했던 노래는 〈7월의 이파네마 소녀〉였다. 사막 같은 색의 도시에 혼자 덩그러니 다른 행성에서 온 것 같은 모습의 외로움이 느껴지는 앨범 재킷과는 다르게 노래는 갈매기 소리로 시작해 부드러운 여성보컬의 목소리와 함께 아기자기한 효과음이 잘 어우러지는, 마치 딸기 생크림 케이크 같았다. 근데 재밌었던 포인트는 가사에 그리움이 가득하고 애처롭다는 것이다. 다른 노래들도 들으면 들을수록 접하지 못했던 분위기와 함께 약간의 반전의 가사가 많았다. 그런 특유의 분위기와 가사가 좋았다. 태어난 이유, 제 역할을 하지 못하는 많은 물건들과 베란다라는 공간, 누군가가 봤을 때는 우스꽝스럽고 그저 재미로만 볼 수 있는 이 공간에서 아이러니하게 느끼는 안정감. 어울리지 않는 것들이 만나 하나의 무엇인가를 완성해 큰 영향을 주고 있는 모든 것들이 캐스커의 분위기와 비슷하게 느껴졌다.

베란다에서 꼭 듣는 노래들이 있었는데 처음은 항상 〈물고기〉였다. 캐스커 특유의 독특하고 살짝 우울감을 가진 전자 효과음들과 적당히 밝은 느낌의 멜로디들이 들리면서 누군가를 사랑하다 못해 집착하는 그런 감정을 표현한 노래인데 나에게는 다르게 다가왔다. 마치 물고기가 되어 베란다에 갇혀버린 느낌이었다. 비쳐지는 창문을 보며 느끼는 이 허함과 갈망하는 감정이 어쩌면 어항 속에서 누군가를 기다리는 이 물고기 같은 모습이 아닐까 하는 생각이 들었다. 또 다른 노래는 〈천 개의 태양〉이었다. 떠나간 누군가를 잊기 위해 했던 행동이 오히려 다른 결과를 냈다는 내용인데 이 가사를 쓴 사람은 어떤 고통의 시간을 겪고 어떻게 이겨내고 있었던 걸까 하는 생각이 들면서 나는 왜 집에 집착할까? 어디서부터 시작되어 왔을까? 라는 질문을 스스로 던지기 시작했던 것 같다.

그렇게 하루를 마무리하다 보니 어느 순간 이 공간에서 벗어나도 안도감을 느낄 수 있으려면 원인을 알아야 한다는 생각이 들었다. 고민하다 베란다에서 혼자만의 시간을 갖게 될 때 생각나는 것을 무작정 적어보기로 했다. 처음에는 아무런 이야기도 떠오르지 않아 오늘은 누구와 어떤 시간을 보냈는지 적기 시작했다. 아무것도 적지 못하는 날도 많았다. 그렇게 하루하루 적어 내려가던 어느 날 여태 쓴 글 속에는 감정이 빠져왔다는 것을 깨닫게 되었다. To do list를 하나씩 처리하듯 바쁘게만 살아왔다는 것을 알게 되었다. 어떤 마음으로 하루를 살아왔는가에 대한 의문이 생겨 그 후로는 감정을 기준으로 글을 적기 시작했다. 주로 숨겨

두었던 마음은 화남이었다. 생각했던 것보다 크고 작은 화가 나는 일이 많았고 매번 사회적인 위치, 대외적인 모습을 생각하며 표현하지 못하고 넘어가는 일이 대다수였다. 그럴 수밖에 나도 알아차리지 못했으니까. 이런 감정들이 몸속 어딘가의 구석에 쌓여 있었을까 하는 생각과 함께 한편으로는 이런 생각도 들었다. 스스로 알아차리지 못하고 넘어가는 부정적인 감정들을 굳이 드러내야만 좋은 영향을 미치는 것일까? 만약 계속 알아차리지 못하고 쌓아만 둔다면 어떠한 결과가 나오게 될까?

다음 날 선인장을 사러 갔다. 왜 선인장이었는지 당시에는 확실하게 이야기하지 못했지만, 내 삶은 선인장 같다고 생각했다. 메마른 사막에서 살아남기 위해 스스로를 강하게 만드는 모습, 그런 와중에도 차라리 싸워 물을 독차지하는 것이 아니라 주변 식물들과 간격을 두고 거리를 지키며 살아가는 모습 등에서 많은 내적동일감을 얻었던 것 같다. 각기 다른 종류의 선인장 5~6개를 샀다. 알아차리지 못하는 작은 부정적인 감정들이 쌓여갔을 때 밖으로 드러내지 않아도 이겨내고 감당할 수 있을까? 하는 의문에서 실험은 시작되었다. 선인장들은 그림 그리는 작업실로 사용하던 햇빛이 잘 들지 않는 시멘트벽으로 둘러싸인 추운 공간에 방치되었다. 그리고 매일 주변에 분무기를 두고 지나갈 때마다, 생각날 때마다 자주 물을 주었다. 실험은 반년을 훌쩍 넘어 잎 끝자락이 하나둘 갈색으로 썩어가기 시작할 무렵 끝이 났다.

신문지를 펼쳐 놓고 내내 축축했던 선인장을 꺼낼 준비

를 했다. 그때까지만 해도 길다면 긴 기간 동안 좋지 않은 환경에 있었는데 이제서야 겉으로 드러나기 시작하는 것을 보고 강한 식물이구나 하는 생각과 함께 마음 한 켠에 안도감이 올라왔다. 하지만 흙 속에서 꺼내는 순간 뿌리는 뚝뚝 끊어지고, 줄기는 물렁거리고, 넓적한 잎은 살짝만 건드려도 부서질 것만 같았다. 속부터 썩기 시작했다는 것을 눈으로 확인하자 울컥 눈물이 쏟아져 나왔다. 어쩌면 선인장이 견뎌내 주기를 바랐던 건지도 모르겠다. 썩어버린 선인장들을 한동안 작업실 한 켠에 두고 그림으로 그리며 또 몇 개월을 흘려보냈다. 이 기간에는 베란다도 찾지 않았다. 스스로 인정하고 벗어날 수 있다는 생각이 들 때까지 더 익숙해져서는 안 된다는 생각을 했던 것 같다.

지인들과 모여 전시회를 열었던 어느 날, 선인장 그림들을 전시했다. 그 기간에 어떤 사람이 작품 앞에서 눈물을 보이고 갔다는 이야기를 들었다. 그 사람은 어떤 감정을 느꼈을까? 직접 보지는 못했지만 이야기만으로도 이겨내고 싶었던 허함이 위로를 받는 느낌이었다. 그때였던 것 같다. 내가 갈망하는 집이라는 공간, 안락하게 쉴 수 있는 공간은 문자 그대로의 공간이 아니라 나를 알아주고 위해주는 사람들과의 소리 없는 소통이라는 것을. 그날 이후로 하나씩 베란다의 물건들을 정리하기 시작했다. 거미줄처럼 얽히고 설킨 많은 의자들과 책들이 사라지고 나니 이렇게 넓고 쾌적한 공간이었구나 하는 생각이 들었다. 어쩌면 나도 선인장에 고여 있던 물처럼 고여버린 부정적인 감정에 얽매었던 것은 아닐까?

그 뒤로 한 번 더 이사를 하게 되었다. 이사를 가기 전날 밤, 말끔하게 텅 비어 있는 베란다에 앉아 캐스커 노래를 틀었다. 여전히 창밖에서 바람에 흩날리는 나무들과 함께 전에는 쌓여 있던 의자에 가려 보이지 않았던 밤하늘의 달과 가로등, 그리고 멀리 있는 놀이터까지 보였다. 놓치고 있던 것들이 이런 거였구나 하는 생각과 함께 헤드셋을 타고 들려오는 캐스커의 노래는 전과 다르게 가사보다는 음과 분위기가 더 다가오며 따뜻한 그리움과 안정감을 가져다주었다.

함께 있는 우리를 보고 싶다

　어느 추운 겨울이었다. 홍대 입구로 향하던 버스 안. 검은 패딩을 껴입고 창가 자리에 앉아, 바깥의 풍경을 바라봤다. 겨울의 거리는 대체로 황량하다. 마음 둘 곳 없이 앙상하고, 색을 잃어 메마른 모습이다. 두꺼운 옷차림이나 히터로도 채 데우지 못한 찬 공기가 버스에 깔렸다. 몸을 파르르 떨며 옷깃을 여몄다. 그때 이어폰 너머로 이승환의 곡이 흘러나왔다. 정규 11집 '폴 투 플라이'(Fall to Fly-前)의 마지막 트랙 〈함께 있는 우리를 보고 싶다〉 이 곡은 정규앨범의 마지막 곡답게 화려하다. 이승환의 부드러우나 단단한 목소리에 오케스트라와 합창단까지 동원돼, 후반부로 갈수록 거대한 스케일에 매번 압도당하고 만다.

　이승환의 목소리로 시작된 곡이 어느덧 절정에 다다르고 서서히 고조되던 감정이 화려하게 터지는 순간, 창밖으로 눈이 쏟아지기 시작했다. 그날 눈 예보가 있었던가. 기척 없이 내리는 눈이 비현실적이어서 마치 꿈만 같았다. 펑펑 쏟아져 내리는 눈을 가만히 바라보다가, 버스에서 내리는 것마저 잊어버렸다. 쓸쓸했던 거리에 어느새 눈이 소복이 내려앉았고, 메말랐던 마음이 어딘지 모르게 간질거리는 느낌이었다. 무엇으로도 채울 수 없던 온기가 온몸에 퍼지는 듯했다. 그리고 그곳이 떠올랐다. 적막한 관객석에 홀로 앉아 이 음악을 듣곤 하던 공간. 계절과 관계없이 온기가 가득했고, 쓸쓸한 마음을 온전히 채워주던 곳. 다양성 영화를 상영하며, 작은 것들에 눈길을 두었던 작은 극장. 내 마음의 고향. 독립영화관, 국도예술관.

부산문화회관과 UN공원, 부산박물관 등으로 번잡스러운 도로를 지나 등장하는 작은 골목. 차 한 대가 겨우 지나갈 법한 좁은 도로의 양옆으로는, 타임머신이라도 탄 듯 시간이 멈춘 골목이 있었다. 칠이 여기저기 벗겨진 낡은 아파트와 동네에 하나쯤 있을 아주머니와 할머니들의 아지트 같은 오래된 미용실, 도로까지 점령해 박스를 잔뜩 깔아놓은 채소가게와 한 평짜리 작은 꽃집과 분식집까지. 골목의 끝에 부산문화회관이 자리 잡고 있어서인지 아무 연관은 없어 보여도 다들 '문화'라는 이름 하나씩은 달아 둔 녹슨 간판들을 모두 지나가면 골목 끝자락에 바로 국도예술관이 있었다.

국도예술관은 입구부터 예사롭지 않았다. 세월이 묻은 골목과는 이질적인, 건물 전체를 뒤덮은 빨간 벽돌과 독특

한 조화를 이루던 청록색의 커다란 철문으로 들어서면 높고 낮은 두 번의 대리석 계단이 나온다. 계단 벽을 따라 사방에 뒤덮인 담쟁이덩굴은 사계절 초록을 잃지 않았고, 마치 다른 세계로 향하는 길처럼 신비감을 자아냈다. 대리석 계단을 모두 내려가면 드디어 국도예술관의 주요 공간인 로비와 상영관이 나타난다. 그곳은 직원들의 업무공간과 한 평짜리 좁은 매점을 제외하면 5명만 서 있어도 꽉꽉 들어찼지만, 오히려 협소함이 주는 아늑함이 있었다. 온 벽면을 둘러싼 영화 포스터와 엽서 등도 아늑함을 더했다. 온통 영화에 둘러싸인 듯했다. 오로지 영화를 위해 존재하고 숨 쉬고 살아가는 느낌. 영화 외에는 아무것도 생각하고 고민할 필요가 없을 것만 같았다.

그래서인지 청록색 철문과 계단을 넘어 국도예술관으로 들어설 때면 마음이 차분하게 가라앉았다. 철문 하나를 경계로 두고, 주변의 공기마저 달라지는 듯했다. 복잡한 인간관계나 스펙, 취업 문제 등으로 시끄러운 세상에 있다가 국도예술관의 철문을 넘을 때면, 소란한 마음이 잦아들었다. 마치 다른 세상에 온 것처럼, 오로지 영화에 대한 생각만으로 그간의 고민과 걱정을 덜어 둘 수 있었다. 국도예술관에 방문하면서부터 이전까지 느끼지 못했던 안정감을 찾을 수 있었고, 그렇게 국도예술관은 점차 내 삶에 스며들어 생애 처음으로 '사랑하는 공간'이 되었다.

몇 차례 영화를 보러 국도예술관에 방문하던 차에, 우연히 극장 직원을 모집한다는 공고를 발견했다. 평소 같았다면 고민에 고민을 거듭하겠지만, 그날은 이상했다. 살기 위해선 숨을 쉬어야 하고 걷기 위해 발을 움직여야 하는 것처럼, 당연하게 반드시 그래야 하는 것처럼, 내게 주어진 모든 용기를 모아 단숨에 이력서를 메일로 보냈다. 그리고 한 차례 면접과 잠깐의 기다림 끝에 드디어 합격 통보를 받았다. 취미가 일이 되는 순간 괴로움도 뒤따를 수밖에 없다고들 하지만, 국도예술관만큼은 그렇지 않았다. 그곳에서 일하던 1년, 그 모든 하루는 행복이었다.

아침에 출근해 문을 열고, 가장 먼저 영사기의 전원 버튼을 눌렀다. 오늘도 상영사고가 없는 무사한 하루를 바라며 시작하는 아침. 로비와 상영관을 청소하고, 예매 프로그램을 실행했다. 빳빳한 새 영화 포스터를 잘 보이는 곳에 꽂아 두고, 부족한 물품을 채우고 커피를 내렸다. 전날의 흔적과 피로를 씻어내고, 오늘의 새로운 공기를 극장에 가득 채워 넣는 작업. 첫 관객이 나타나면 반갑게 인사하고, 커피 한 잔과 함께 영화 상영이 시작됐다.

국도예술관은 평화를 집약시킨 장소였다. 관객들이 모두 상영관으로 들어가 복작복작하던 로비가 텅 비고, 문제없이 영화가 상영될 동안 마시는 커피나, 날 좋은 아침 물청소를 하고 난 뒤 물기를 잔뜩 머금은 담쟁이덩굴에 들이치는 햇빛을 보는 일. 새 포스터들이 잔뜩 들어와 손때가 묻은 포스터를 떼어내고 빳빳한 새 포스터를 붙여 놓는 일도. 커피 향이 가득하던 로비나, 상영이 끝난 후 관객들이 나가며 건네는 친절한 인사도. 시간이 천천히 흐르다 못해, 이대로 시간이 멈추어도 좋을 것처럼 평온하고 여유로운 시간이었다.

그러나 극장의 평화와 여유가 마냥 좋은 것일 수는 없었다. 국도예술관에서는 일반 영화관에선 쉽게 접할 수 없는 독립영화를 상영했고, 상업성을 덜 띤 작은 영화를 선택하는 관객의 수는 절대적으로 적을 수밖에 없었다. '독립'이라는 단어가 붙는 것들, 예컨대 독립영화관이나 독립서점은 '기다림'이 숙명처럼 뒤따를 수밖에 없는 사실. 상영 직전까지 관객을 기다려 보지만, 때로 관객이 아예 들지 않는 영화도 있었다. 관객의 선택을 받지 못하면, 상영을 할 수 없는 것은 당연한 이치다. 결국 그런 영화들은, 영화를 만든 이들의 치열한 시간이나 수고와는 별개로, 빛을 보지 못하고 상영작 리스트에서 조용히 모습을 감췄다.

관객 그 누구의 선택도 받지 못한 시간은, 오롯이 극장과 나의 시간이었다. 그때의 국도예술관은 말하자면 적막 자체였다. 영화 소리가 들리지 않는 상영관에 침묵이 짙게 내려앉았고, 사람이 채워야 할 고유의 온기를 찾아볼 수 없었다. 조용한 극장과 빈 좌석을 바라볼 때면, 마음에까지 밀려오는 공허함을 감출 수 없었다. 오랜 시간 국도예술관과 함께한 이들은 이러한 공허의 단계를 모두 거쳐 온 탓에, 영사실 내에 관객이 들지 않는 시간이나 영화와 영화 사이의 정적을 채우기 위한 CD가 있었다. 여러 앨범 중에 가수 이승환의 정규 11집이 있었는데, 이승환의 열렬한 팬이었던 프로그래머님이 가져다 둔 앨범이었다.

평소 이승환에 대한 특별한 기억은 없었다. 그저 유명한 몇 곡, 〈천 일 동안〉 또는 〈어떻게 사랑이 그래요〉 정도로만 알았다. 그러다 관객이 들지 않은 어느 조용한 날, 그날따라 여러 CD 가운데 이승환의 11집이 눈에 띄었다. 별 기대 없이 CD를 집어넣고, 곡을 재생했다. 국도예술관의 자랑인 꽤 훌륭한 음향시설 덕에, 이승환 특유의 섬세하고 정교한 음악 세계가 마치 눈 앞에 펼쳐지는 것 같았다. 이승환의 목소리가 조용한 극장과 퍽 잘 어울린다고 생각하던 그때, 11집의 마지막 곡인 〈함께 있는 우리를 보고 싶다〉가 흘러나왔다. 텅 빈 관객석에 홀로 앉아서 곡을 듣는 동안, 극장을 덮고 있던 고요의 장막이 점점 걷히는 듯했다. 이승환의 목소리를 필두로, 섬세한 오케스트라 연주와 합창단의 목소리가 더해져 빈틈없이 마음이 채워졌다. 커다란 상영관의 침묵을 깨고, 빈 좌석 하나하나를 다정하게 메우는 목소리. 세상의 모든 외로움을 물러낼 수 있을 것처럼 웅장하고 충만했다. 극장이라는 또 하나의 세계에 혼자 남겨져 있던 내 마음을 달래고 채웠다.

그렇게 적막의 시간이 지나가면, 어김없이 관객들이 찾아왔다. 영화는 다시 시작됐으며, 마치 이 공간을 집어삼킬 듯했던 침묵과 공허가 어느새 물러나고, 영화 속 등장인물의 대사와 영화음악이 힘차게 울려 퍼졌다. 극장은 관객들의 설렘 가득한 목소리와 따뜻한 눈빛에 활기를 되찾았고, 쓸쓸하게 남겨진 텅 빈 좌석들은 언제 그랬냐는 듯 관객들과 그 온기로 채워졌다. 기다림의 시간도 영화가 함께 하는 뜨거운 순간도 모두 국도예술관의 시간이었다. 관객이 있든 없든 이렇게 기다릴 수밖에 없는 것이 극장이었다. 기다림의 끝에 영화와 사람이 공간을 채웠고, 성실하게 그 자리를 지키면 따뜻한 체온과 마음을 채울 수 있었다.

국도예술관은 애정으로 이루어진 곳이었다. 근본적인 영화와 공간에 대한 애정 없이는 방문하기 힘들었다. 초면이었지만 관객들과 나 사이에는 충분한 교집합이 있었다. 말하지 않아도 느껴지는 서로에 대한 가벼운 애정, 영화 상영을 앞두고 가만히 전해지는 설렘 같은 것들. 함께 일하는 이들에게도 영화에 대해 애정은 넘쳐흘렀다. 종이티켓에서 모바일티켓으로 서서히 변해가던 시기에도, 그들은 종이티켓에 대한 애정을 포기하지 않았다. 단순한 티켓을 넘어 추억 한 장을 선사하기 위해, 영화 포스터를 넣어 종이티켓을 디자인하고 인쇄, 재단하는 과정을 거치던 수고로움이나 관객들에게 선물하기 위해 수작업으로 하나하나 만들던 기념 배지. 영화 이야기를 나눌 때면 솟구치는 뜨거운 마음이나, 반짝이던 눈빛들. 영화 '다이빙벨'을 보기 위해 극장 바깥으로 길게 줄을 늘어서고, 좌석이 없어 통로 아무 데나 앉아서도 끝까지 자리를 지키던 관객들의 마음이나, 단 한 명의 관객을 위해서도 상영을 멈출 수 없었던 시간. 자비에 돌란 감독의 영화 '마미' 속 사랑하는 장면을 보기 위해, 상영마다 스크린 뒤편으로 몰래 숨어들어 경이로움을 만끽하곤 하던 순간들도, 모두 애정이 없이는 불가능한 일이었다.

그러나 무수한 애정을 뒤로하고, 2018년 겨울 국도예술관은 폐관했다. 여러 이해관계가 얽힌 결과였다. 국도예술관의 마지막 상영 날, 관객들의 행렬이 극장 바깥으로 길게 이어졌다고 했다. 타지로 떠나온 나는 국도예술관의 마지막을 함께하지 못했다. 사는 일이 팍팍했고, 마음의 여유가 없었다. 그리고 극장을 끝까지 지키던 이들은 여전히 국도예술관과 관객을 연결하기 위해 부단히 노력 중이다. 끊임없이 상영회를 열고, 잊히지 않기 위한 각종 행사를 개최한다. 다행히 그 노력 덕분에, 극장에서 운영하던 온라인 카페엔 아직 관객들이 가끔 찾아온다. 그립다는 글을 남기고, 실제로 상영회를 찾아다니기도 하며. 많은 공간이 시작되고, 또 끝이 난다. 마음이 기울어 있던 공간들이 사라지는 과정은 언제나 서글프다. 특히 작고 낮은 곳에 있는 것들이 힘을 잃어갈 때면 더더욱 그러하다. 그러나 쉽게 낙담하지 않는 이유는, 이처럼 여전히 작은 것에 마음을 쓰는 존재들이 있어서다.

이승환의 노래와 함께 국도예술관을 추억하는 사이, 버스가 홍대 입구에 도착했다. 오랜만에 근처 독립영화관을 검색했다. 약속이 끝나고 시간이 남는다면, 근처에 위치한 작은 영화관인 상상마당 시네마나 라이카시네마에 들러서 영화를 볼 심산이었다. 서울로 올라온 뒤 또 다른 국도예술관을 찾고 싶었다. 유명한 독립영화관에 영화를 보러 다녔고, 좋아하는 가수의 공연을 보러 작은 공연장을 방문하고, 조용한 카페나 독립서점을 찾아다녔다. 일에 치이고 사람에게 실망할 때마다, 타지 생활에 마음이 약해질 때마다, 작은 공간이 주는 안정감과 함께하는 이들의 눈빛이나 애정이 날 위로했다. 덕분에 타지에서도 마음을 놓을 수 있는 공간이, 소란을 제쳐 둘 수 있는 공간이 여럿 생겼다. 국도예술관만큼 마음을 오롯이 기울였던 공간을 아직 찾진 못했지만.

국도예술관이 생각날 때마다 이승환의 곡을 듣고, 이승환의 곡을 들을 때면 국도예술관을 그리워한다. 이승환은 〈함께 있는 우리를 보고 싶다〉를 부르며, 그리워하고 함께 하고픈 누군가를 생각했다고 한다. 언제든 국도예술관이 다시 시작되는 순간을 꿈꾼다. 그리워하고, 함께 하고픈 마음으로.

다시, 함께 있는 우리를 보고 싶다.

공항 가는 길, 도착하는 길

 # 잠시 후 인천공항에 도착하겠습니다

2022년 4월 말. 코로나19가 소강상태를 보일 즈음 오랜만에 인천공항으로 향했다. 리무진 버스로 가면 더 편했겠지만 코로나19로 노선은 이미 중지된 지 오래. 디지털미디어시티역에서 공항철도로 갈아타고 약 1시간 동안 눈을 붙이다가, 책을 읽다가, 그것도 지루하면 창밖을 바라보며 왠지 모를 설렘에 휩싸였다. 비록, 여행이 아닌 출장이지만 공항 가는 길이 실로 얼마 만인지. 1터미널 역에서 내려 에스컬레이터를 타는 순간 오랫동안 그리워했던 인천공항에 도착했음을 실감했다. 코로나19 이전과 비교해 90퍼센트 정도는 정상화되었다고 믿어도 될 만큼 많은 사람들로 가득했고, 전광판에 적힌 항공편과 행선지 정보는 행인들의 마음을 두드렸다.

예전이나 지금이나 집에서 공항으로 향할 때 듣는 단 하나의 노래가 있다. 제목부터 가슴 뛰게 하던 드라마 '공항 가는 길'에서 두 주인공의 마음을 어루만지던 노래. 모라(Morra)의 〈Only You〉이다. 주인공 수아는 비행기 승무원인데 무뚝뚝하고 권위적인 파일럿 남편의 냉대 속에서도 사랑으로 아이를 키우는 워킹맘이다. 그러다가, 우연한 계기로 해외에서 사고로 입양한 딸을 잃은 남자 도우를 만나고, 자신의 남편에게서는 느낄 수 없는 친절함과 포근함을 느낀다. 도우 역시, 차가운 자신의 아내와는 달리 슬픔에 깊이 공감해 주는 수아에게 조금씩 다가가고, 둘은 그렇게 인생에서 두 번째 사춘기를 맞는다. 주변의 시선이 걱정되어 자칫 머뭇거리면서도 서로의 상처를 보듬을 때마다 흐르던 이 노래는, 잔잔한 선율 아래서 내 앞에 서 있는 오직 한 사람에게 변치 말고 함께하자고 약속한다. 누구나 완벽한 인생을 살 수는 없고, 인생을 거치며 저질렀던 크고 작은 실수 속에서 사람들은 아파하고 성장한다. 수아와 도우의 관계를 단순히 불륜으로 매도할 수 없는 이유도, 자신의 상처에 함몰된 나머지 주변인들에게 또 다른 상처를 주는 대신, 꿋꿋이 자신의 마음을 다잡으면서 서로에게 따스한 공기가 되어 주었기 때문이다.

이 드라마가 방영되던 당시, 나도 직장에서 꽤 큰 시행착오를 겪었다. 우여곡절 끝에 원하지 않는 곳으로 발령이 나면서, 완전히 새로운 업무와 환경, 그리고 뒤에서 수군거리는 것만 같은 주변인들의 시선을 떨쳐내지 못한 채 끙끙거리는 하루를 보내기 일쑤였다. 영혼이 가출한 듯 텅 빈 마음으로 집에 돌아와 TV를 켜고 '공항 가는 길'을 보는 것만이 유일한 소일거리였는데, 처음 맞이한 상황과 마음에 어찌할지 모르는 두 주인공의 모습에서 많은 공감과 위로를 얻었고 나의 상처도 조금씩 아물어 갔다. 드라마가 종영된 후 처음으로 여행을 간 곳이 홋카이도였는데, 그때부터 드라마 속의 노래 〈Only you〉는 공항에 가는 나를 배웅해 주는 주제곡이 되었다. 지금도 이 노래를 들으며 공항에 도착하면, 각자의 상처를 잠시 내려놓고 설렘 또는 불안 속에 탑승을 기다리는 수아와 도우를 만날 수 있을 것만 같다. Last Call을 외치며 아직 탑승하지 못한 승객을 애타게 찾는 승무원, 게이트가 곧 닫힌다는 말을 듣고 허겁지겁 탑승구로 뛰어가는 승객, 공항을 일터로 삼아 짐을 스캔하고 손님들을 대접하고 곳곳을 깨끗이 청소하는 모든 직원 분들. 어딘가로 떠나는 사람이든, 공항으로 출퇴근하는 사람이든 모두에게 공간이 주는 설렘과 희망이 함께했으면 한다.

끝이 있어 다행이면서도 아쉬운 길

2022년 12월 30일. 비행기가 목적지에 도착했다. 코로나19 이후 처음으로 떠난 해외여행. 코로나 이전에도 연말 연초에 혼자 여행하는 것을 좋아했다. 지난 시간에 대한 미련을 고이 보내고 새로운 시간에 대한 기대감을 낯선 곳에서 맞이하고 싶었고, 카운트다운을 외치며 새해를 축복하는 사람들 속에서 고립되는 외로움이 왠지 싫지만은 않았다. 그렇게, 추운 날씨 속에서 스스로 고립되고 싶어서, 연말 연초에는 항상 눈이 많이 내리는 추운 곳으로 여행을 떠나곤 했다. 하지만 이번에는, 겨울에도 따뜻한 날씨로 방문객들을 맞이하는 포르투갈로 향했다. 포르투갈은 이미 예전에도 여행한 적이 있었지만, 코로나로 여행을 가지 못하는 동안 포르투갈어를 공부하면서 포르투갈어권 문학과 음악에 매료되었고, 그 나라에 다시 가고 싶은 마음이 더욱 간절해졌기 때문이다.

오랜 비행 끝에 리스본에 도착했고, 생각보다 빨리 나온 짐을 이끌고 자동문을 나서며, 노래 하나를 재생한다. 다양한 사연을 가진 사람들이 자신의 짐을 찾고 자신들을 기다리는 누군가를 찾아 반가운 인사를 나눌 동안 나는 조용한 노래 하나를 첫 여정의 벗으로 삼는다. 인천공항으로 향할 때마다 그랬듯이, 도착지의 공항을 벗어날 때마다 내 귀를 휘감는 단 하나의 노래. 윤종신이 작곡하고 가수 박정현이 애달프게 읊조리는 〈도착〉이라는 노래다. 노래 속 주인공은, 왠지 누군가와 돌이킬 수 없는 이별의 인사를 건네고 다시는 뒤돌아보지 않으리라 다짐하며 비행기에 몸을 실은 것 같다. 아무것도 보이지 않은 캄캄한 밤, 비행기에서 잠을 청한 끝에 도착한 어딘가. 아무도 나를 반기지 않고 위로하지 않지만, 그래서 오히려 제일 좋다고 말하는 여자. 여행할 때마다 자발적으로 고립과 소외를 추구했던 나의 모습을 저절로 떠오르게 한다. 학교, 직장이라는 익숙하다 못해 권태로운 공간에서 매일 같은 사람들을 마주치고, 알지만 모르는 것과 다름없는 사람들 속에서 느끼는 고독과는 사뭇 다른 감정이다. 가장 큰 차이는, 나의 의지가 있는지 없는지에 달린 것일 거다. 익숙한 곳의 피로와 무기력을 벗어나고 싶어 여행을 떠나고, 생경한 곳에서 스스로 혼자를 자처하며, 가볍고 피상적인 대화로부터 나를 해방할 때 찾아오는 청량감. 여행하는 만큼은 모든 연락 어플을 삭제하고 자발적인 이방인이 되어 고독을 만끽한다. 주변 사람들이 내가 알아듣지 못하는 언어로 이야기를 하더라도, 갑자기 데이터가 끊겨서 길을 잃어버리더라도, 조바심을 내지 않고 불확실한 상황을 즐길 수 있는 건 여행을 온 이방인들만이 누릴 수 있는 특별한 감정이다.

하지만, 우리의 인생도 그렇듯이 여행도 언젠가는 끝을 맺는다. 경제적인 이유로 여행을 지속한 여유가 되지 않는다거나 정처 없이 다니는 길 위에서 일상이 그리워지거나 시간이 그저 흘러가는 것만 같은 허무함이 가득할 때, 결국은 돌아갈 날을 기약해야 한다. 돌아갈 곳이 있다는 건 다행스러우면서도, 한편으로는 또다시 고단한 일상으로 돌아가 다음의 일탈만을 바라봐야 하기에 서글픈 일이기도 하다. 지난 시간들을 돌이켜 보면 짧은 여행, 조금 더 긴 교환학생과 인턴 근무 시절 등 해외에서의 일정을 마무리하고 한국으로 돌아갈 때마다 아쉬운 마음을 느끼지 않은 적이 단 한 번도 없었다. 무언가를 더 보거나 느끼지 못한 후회에서부터 처음의 의욕과 달리 흐지부지해져 버린 것만 같은 시간들, 내가 좀 더 노력하지 못해 어쩔 수 없이 돌아가는 것만 같은 자책감 등 아쉬움의 명도와 채도도 다채로웠다. 어렸을 때부터 쭉 살아온 이곳이 답답하여 신기루 같은 환상 속에 젖어 있는 건지도 모르겠지만, 주변의 지인들이 해외에서 공부를 하고 있거나 취업에 성공했다는 소식을 듣게 되면, 아직 한국을 벗어나지 못하고 잠깐의 일탈만을 꿈꾸고 있는 내 모습이 처량하다.

이런 마음이 닿아, 언젠가부터, 여행이 시작되는 지점에서 다가올 끝을 걱정하게 되었고, 조금만 더 시간을 늘리고 늘려, 그 누군가에게도 기억되지 못한 채 서서히 사라지고 싶은 생각이 간절해졌다. 이번에 들었던 〈도착〉은 이런 내 마음에 더해, 포르투갈이라는 공간이 주는 분위기와 어우러져 더욱 마음 깊이 다가왔다. 포르투갈어 단어 중 가장 유명한 단어 중 하나이자 내가 가장 좋아하는 Saudade(사우다드)라는 말이 있다. 세계에서 가장 아름다운 단어 중 하나로도 선정되었다는 이 단어는, 대항해 시절 기약 없는 여정을 떠나야만 했던 사람들과, 떠나간 이들이 오기를 기다리는 사람들의 마음속에 담긴 그리움과 향수를 내포한다. 포르투갈의 전통음악 장르이자, 유네스코 세계유산으로도 지정된 Fado(파두)는 애절하고 구슬픈 선율 위로 가수들이 한이 맺힌 듯한 깊은 목소리로 무언가에 대한 쓸쓸함과 그리움, 사랑을 노래하는데 〈도착〉 역시 고요한 기타 선율로 시작해 나지막한 목소리로 떠남의 여정을 이야기하기에, 포르투갈의 Fado 음악과 정서적으로 맞닿아 있었다. 유독 이번 여행에서는, 21년 1월 1일에 세상을 떠난 Carlos do Carmo(카를로스 두 카르무)를 추모하는 마음으로 Homem na Cidade(도시 사람)라는 노래를 많이 들었는데 이 노래에서 문득 〈도착〉의 잔상이 느껴졌다.

다시 한번 〈도착〉의 가사를 곱씹어 본다. 처음에는 아무도 나를 반기지 않고 위로하지 않아서 좋다고 하지만, 노래의 말미에 이르러 가끔씩 네가 떠오르는 밤이 오면 저 멀리 날아가겠다는. 이 노래도 결국은, 안도감과 해방의 외피를 둘러싼 그리움을 노래하고 있었다는 것을 깨달았다. 리스본의 좁은 언덕길을 오를 때마다 들려오는 Fado의 선율은, 숙소에 돌아와 잠에 들기 전 틀어 놓은 〈도착〉과 하나가 되었고 나는 그렇게 스르르 잠이 들었다. 이제 이 짧은 여행도 끝날 날이 머지않아 곧 돌아가야겠지만, 나도 언젠가는 이 노래 속 주인공처럼 어딘가에 도착해서 그렇게 한국에서의 일상이 없었던 듯 살아가다, 문득문득 떠오르는 그리움을 느끼는 삶을 살고 싶다는 마음과 함께. 이러한 그리움이라면, 타지에서 찾아오는 외로움도 기꺼이 받아들이리.

작가의 말.

작가의 말. 강상준

　그때의 노래를 들으면 나는 그때로 돌아간다. BoA 〈No.1〉을 들으면 2002년 고등학생 때 갔던 노래방으로 돌아가고, 씨야 〈미친 사랑의 노래〉를 들으면 입대하러 가는 길에 먹은 불고기가 떠오른다. 노래는 또 나를 미래로 데려간다. 김광석의 〈서른 즈음에〉, 무한궤도의 〈우리 앞의 생이 끝나갈 때〉 같은 노래를 들으며 내 인생 마지막 모습을 상상해 본다. 그리고 그 모습을 이루기 위해 나는 오늘 어떻게 살아야 하는지 다짐도 한다. 노래는 날 달래주기도 하고, 내 마음을 대신 전달해 주기도 한다. 내 생각을 발전시키기도 하고 우리를 우리로 묶어주기도 한다. 노래는 곧 나이고, 너이며 우리다. 사람마다 성격이 다르듯 마음속에 품은 노래도 다 다를 것이다. 한데 모여서 같이 들어 보면 얼마나 재미있고 신날까? 그 시작점에 이 책이 있는 것 같다. 나도 이 책을 통해 많은 노래를 접하고, 많은 인생을 만났다. 그래서 나는 조금 성장한 느낌을 받는다. 우연한 기회에 여러분 노래를 같이 들으면 좋겠다.

- 내 플레이리스트 비긴즈
- 기숙사 창가에서 들은 노래
- 봄으로 데려다 준 노래

작가의 말. 김지선

  음악은 그저 인생에 깔린 공기라고 생각했다. 있다는 것이 티가 나지 않지만, 없으면 숨이 막히는 그런 것. 그러다 처음 CD플레이어를 갖게 되었던 2002년, 파리 메트로 6호선을 타고 지나갈 때, 아주 잠깐 에펠탑이 차창으로 보이는 순간이 있는데 그때 링크의 〈멜로드라마〉 노래가 흘렀다. 그 노래가 22년이 지난 지금도 선명히 기억난다. 시간이 흘러, 음악을 자주 듣지 않았던 한국에서의 생활 속, 우연히 들어갔던 어느 식당에서 흘러나오던 디셈버의 〈혼자 왔어요〉 노래는 여전히 나를 2012년 겨울로 데려간다.

  무수히 흐르는 시간에도 여전히 어떤 노래는 그 순간의 기억을 오래 추억하게 만든다. 책을 쓰면서 또 그 추억이 쌓였다. 이 책 속에 담긴 수많은 가요를 들었던 순간들은 몇십 년이 지나도 여전히 오늘을 기억하게 할 것이다. 그리고 한참이 지나 다시 추억할 오늘을 떠올리며 새로운 노래를 듣는다. 마침내 글을 쓴다.

- 길 위에서 여행을 노래해 〈나와 함께 걸을래〉
- 호주 퀸즈랜드 그리고 꿈
- 비와 책방과 커피와 자동차, 그리고 음악

작가의 말. 양보은

 운동을 시작한다고 해서 바로 근육이 생기는 게 아닌 것처럼 마음도 단단해질 시간과 노력이 필요하다. 사람마다 마음의 근육을 키우는 방법은 다를 것이다. 문화생활을 소비하는 행위라던가, 어떤 것을 배우는 과정이라던가, 대가를 바라지 않고 베푸는 선행이라던가, 명상을 통한 마음 챙김이라던가, 혹은 사랑하는 사람과 함께하는 시간일 수도 있다.

 사랑에 대한 좋은 이야기를 담은 노래와 비 내리는 밤에 홀로 들었던 노래를 다른 이들과 나누고 싶었다. 내가 좋아하는 밴드의 음악을 널리 알리고 싶었다. 좋은 사람인 건 스스로 말하지 않아도 모두가 알게 되어 있고, 나쁜 사람은 숨기려 해도 결국 드러나게 되더라. 우리의 노래가 한 권의 책으로 만들어지는 것을 보면서 '오늘의 당신, 어떤 가요'를 함께하기 잘했다고 생각했다.

- 공연 덕후입니다
- 합주, 그리고 공연
- 내가 가장 열정적이었던 순간

작가의 말。 진선이

 음악이 노래가 되어 미치도록 부리고 싶을 때가 있었다. 노래가 세상에 전부였던 시절 귀에 들리는 노래가 있으면 주크박스처럼 노래를 외웠다. 신청곡이 들어오면 버튼 누르면 노래가 흘러나오듯 술술 부르며 주변 사람의 눈을 사로잡곤 했다. 세상 물정 몰랐던 시절 칭찬과 박수가 진짜 노래 잘하는 걸로 착각해 가수가 되고자 꿈을 꾼 적도 있었다. 노래는 내 세계를 펼쳐나가는 데 지대한 공을 세웠다. 10대 때 가졌던 꿈은 뒷전으로 밀려났다. 노래는 현실 앞에 타협해야만 했다. 음악은 내 머릿속에서 지워지지 않는 첫사랑 같은 거였다. 노래에 대한 아쉬움을 글이라는 다른 미련으로 채워졌다. 부르는 것에서 쓰는 것으로 옮겨졌다. 음악에 관한 글을 쓰며 행복했다. 지나버린 음악 시간을 거닐며 그 속에 내가 있었고 현재 삶도 즐겁게 만들어 주는 노래가 있어 흐뭇한 미소가 지어졌다. 함께해 준 작가님들께 감사한다.

- 어느 소녀의 낮과 밤
- 드라마 속 OST에서 사랑과 행복을 찾는 나
- 음악은 삶과 죽음을 잇는 다리

작가의 말. 진수빈

시절을 추억하는 데 몇 가지 방법이 있다. 사진을 찾아보거나 일기장을 들춰보는 일, 의미를 담은 물건을 꺼내 보는 것도 방법일 테다. 나의 경우엔 음악이 시절을 대변했다. 모든 곡이 저마다의 시절을 담고 있었다. 잊고 살던 기억이나 도통 떠오르지 않던 얼굴도 음악 덕분에 생생하게 펼쳐졌다. 그중 몇 가지를 글로 옮겼고, 또 몇 가지는 다시 기억에 고이 묻어 두었다. 마찬가지로 모든 작가님이 저마다의 곱고 찬란하지만, 때론 미운 시절을 용기 있게 써냈다. 작가님들께 깊은 감사를 전하며, 이제는 여러분의 차례다. 책을 덮은 뒤 각자의 생을 담은 음악을 꺼내고, 잊고 살던 시절을 떠올려 보면 좋겠다. 좋은 기억이든 나쁜 기억이든 각자의 시절이 반드시 나아가는 힘이 되어 줄 테니. 그리고 먼 훗날 언젠가, 이 책에 담긴 음악을 듣고 우리를 떠올려 준다면 더할 나위가 없겠다.

- 겉도는 삶
- 에어팟을 껴야 능률이 올라갑니다
- 함께 있는 우리를 보고 싶다

작가의 말. 표병수

항상 하고 싶은 건 많았지만, 마음속에만 묻어 놓은 채 언젠가는 해야지, 라며 묻혀 두었던 나의 꿈을 '음악에세이'라는 프로젝트를 계기로 펼칠 수 있어 매 순간들이 설래임과 행복의 연속이었다. 나의 마음속 깊은 곳에 묻혀있던 이야기들을 세상 밖으로 내놓는다는 것에 대한 두려움도 있었지만, 작가님들의 격려와 피드백으로 자신감을 얻고 글을 마무리하게 되어 너무나 행복하다. 무엇인가를 이뤘다는 성취감이 이렇게 뿌듯할 줄은 꿈에도 몰랐었다. "지금 무엇인가를 꿈꾸고 계신다면 주저하지 마십시오. 꿈만 꾸는 사람에겐 기회는 절대 오지 않습니다. 음악에세이 '오늘의 당신, 어떤 가요'를 읽어 보시고 당신의 꿈을 펼쳐 보시 길 바랍니다." 무엇보다도 도움을 많이 주신 작가님들께 감사의 인사를 드린다. "행복했습니다!!"

- 소심했던 소년이 대범했던 소녀를 만나다
- She is (그녀는 내게)
- 술과 나의 이야기

작가의 말. 허준회

  나는 인생이 대부분 불행하다는 말에 동감한다. 세상에 불행하기 위해 노력하는 사람은 없지만 피할 수 있는 사람도 없다. 이것은 필연적이기에 '절대'라고 표현할 수 있는 명백한 진리다. 그래서 인생은 행복하기 위해 노력하면서 동시에 불행한 시간을 잘 보내기 위해 노력해야 한다. 음악 에세이 '오늘의 당신, 어떤 가요' 공저에 참여하게 된 이유가 바로 이것이다. 내게 찾아온 불행을 잘 건디기 위해 음악을 주제로 한 글을 쓰기로 했다. 음악은 극대화된 감정을 표현하기에 탁월한 콘텐츠지만 전달하고자 하는 바를 음악만으로 설명하기 어려운 순간이 존재한다. 글은 이야기를 만들어 포괄적이고 내밀한 감정을 표현할 수 있기에 그러한 결핍을 채워줄 수 있다. 이번 공저 프로젝트를 통해 뮤지션으로서 표현하지 못했던 나의 음악관을 내밀하게 이야기할 수 있었고, 동시에 불행한 시기를 잘 보내는 데 큰 도움을 받았다. 혼자서는 시도하지 못했을 일이다. 함께 책을 만든 작가님들께 진심으로 감사드린다.

- 히트곡이 없어도 뮤지션입니다
- 김동률을 좋아하세요?
- 우리의 이야기는 결혼식 축가가 되었지

작가의 말. 혜주

음악은 남녀노소를 가리지 않고 삶에 많은 순간에 가까이 접해 있다. 또 같은 순간이라도 어떤 무드의 음악이 흐르냐에 따라 분위기와 전하고 싶은 이야기가 달라지기도 한다. 나에게 음악이란 친근하지만 상당히 예민하고 예리하게 마음을 알아채는 친구와 같다. 그런 친구에 대해 에세이를 쓴다는 건 담아두었던 이야기를 드러내야 하는 또 다른 도전이었다. 조금은 조심스러웠지만 책을 쓰며 다시 한번 추억할 수 있는 시간이어서 행복했다. 또 나와 다른 다양한 추억이 있는 작가님들과 함께 도전할 수 있었음에 감사한다.

- 내 흐린 날의 기억
- 2018년 6월 4일
- 집 그리고 공간

작가의 말 ° Jacques

가요를 별로 좋아하지 않는다고 생각했다. 어렸을 땐 가요를 들으면 남들과 비슷해질 것 같아서, 나라는 정체성이 사라질 것 같아 두려웠고 예전이나 지금이나 노래방에서는 팝송을 주로 부를 정도이니. 얼마 전 모 뮤지션의 표절 논란이 불거지면서 인터넷에서는 과거 우리의 추억을 수놓았던 가요들의 표절 논란이 난무했고, 가뜩이나 좋아하는 가요가 많지 않다고 여겼는데 나의 추억들마저 퇴색되는 것 같아 더욱 멀리하게 된 것도 사실이었다. 그럼에도 불구하고, 특정한 시간에 우연히 만나게 된 노래들을 들으며 마음을 다독이던 나의 모습까지는 차마 부정할 수 없었다. 아이러니하게도, 막상 마음이 힘들고 무작정 울고 싶을 땐 팝송이 아닌 가요를 많이 들었더라. 그 시간들이 차곡차곡 쌓여 지금의 내가 되었고 그 노래들은 나의 인생의 배경음악을 넘어 주제곡이 되어 주었다. 잠시 덮어 놓았던 시간들을 소환해 준 노래들, 그리고 새로운 가요의 세계로 이끌어 주신 여덟 분의 작가님들에게 감사의 인사를 드리고 싶다.

• 고등학교 3년, 인생이라는 영화 속 OST
• 내가 사는 이곳, 서울
• 공항 가는 길, 도착하는 길

오늘의 당신, 어떤 **가요**
닫는 글

'노래'가 있기에 견딜 수 있던 순간
'노래'가 있기에 만날 수 있던 사람
'노래'가 있기에 생겼던 용기

무엇을 해도 감정이 나아질 수 없다고 생각했던 때마다 마법처럼 음악은 나의 유일한 다독임이었다. 원하는 것이 무엇인지 정확히 알지 못했던 시절과 원하는 것을 알아도 얻을 수 없음을 깨달았던 시절까지 '노래'가 있었기에 '나'를 버텨왔다. 순간의 감정을 대변하는 음악을 들으며, 스스로 위로를 받았다.

뮤지션으로 살아가기 위해 했던 노력, 열정을 다하기 위해 찾았던 음악, 새로운 도전을 꿈꾸며 음악 앞에 섰던 순간, 잠 못 드는 밤과 아픔을 지우기 위해 들었던 음악들까지… 우리 아홉 명은 때때로 사랑의 순간과 감정의 짜릿함도 경험하며 '가요'와 함께 울고 웃고 성장했다. 아니, 그저 일상을 살아갔고 일상에 음악이 함께였다.

이 책의 마지막 페이지를 읽고 있을 당신은 어떤 사연이 가장 기억에 남을까. 당장 어떤 음악을 듣고 있을까. 어떤 노래가 오래도록 귀에 맴돌까. 모든 것이 궁금한 지금, 당신에게 이 시간이 무해하길 바라며.

어제보다 오늘이 행복하기를.
오늘은 살아갈 모든 날 중에 가장 그저 그런 하루이길.
더 멋진 내일이 매일이기를.

언젠가 함께 노래 들을 날을 꿈꾸며,
강상준, 김지선, 양보은, 진선이, 진수빈, 표병수, 허준희, 혜주, Jacques

오늘의 당신, 어떤 가요

1판 1쇄 발행 | 2023년 10월 04일

지은이 | 강상준, 김지선, 양보은, 진선이, 진수빈, 표병수, 허준희, 혜주, Jacques

편집.디자인 | 새벽감성
발행인 | 김지선
펴낸 곳 | 새벽감성,새벽감성1집

출판등록 | 2016년 12월 23일 제2016-000098호
주소 | 서울 강서구 강서로43길 31
이메일 | dawnsense@naver.com
블로그 | blog.naver.com/dawnsense
인스타그램 | @dawnsense_1.zip
전화 | 070-4300-1209

*책값은 표지에 있습니다.
*잘못된 책은 구입처에서 교환해 드립니다.
*이 책의 사진과 글의 전부 또는 일부를 발췌하거나 인용하려면
 반드시 새벽감성 출판사의 동의를 얻어야 합니다.